쉽게 배우는

SystemVerilog HDL Programming

하판봉 지음

도서출판 GS인터비전

서언

SystemVerrilog HDL은 일반적인 프로그래밍 언어와 유사하나 하드웨어를 기술하는데 사용하는 언어이므로 상이한 부분도 많이 존재한다. 그래서 독자들에게 SystemVerilog 언어에 대한 일반적인 프로그래밍 언어와의 이러한 유사성과 상이성을 어떻게 쉽게 파악해내도록 2016년에 출간된 ”쉽게 배우는 HDL Programming“을 기반으로 이 책을 보완 수정하였다.

내가 처음 Verilog HDL 언어를 배울 때 입문용으로 보았던 Deepak Kumar Tala의 Verillog Tutorial과 SystemVerilog Tutorial로부터 영감을 받았다. 예제 중심으로 설명이 되어 있다 보니 딴 책들보다도 이해하기가 더 쉬웠던 것 같다. 이번에 새로운 교재를 개발하면서 SystemVerilog HDL을 쉽게 교육할 방법을 궁리하다 예제 중심의 책을 발간하면 어떨까 생각하게 되었다. 많은 예제가 수록되어있기 때문에 독자는 예제를 살펴보면서 자연스럽게 SystemVerilog 언어를 터득할 수 있도록 돕고 있다.

아직 산업계에서는 설계를 위한 Verilog HDL이 아직 널리 통용되고 있는지라 SystemVerilog HDL에서 바로 시작하지 않고 Verilog HDL인 Verilog-95 표준과 Verlog-2001 표준과 함께 검증 기능을 확장시킨 SystemVerilog 표준으로 부드럽게 옮겨갈 수 있도록 같이 설명하였다.

이 책에서는 FPGA에 대해서 간단히 언급하였다. 그리고 Xilinx ISE 툴을 다운로드하고 이것을 사용하는 방법에 대해서도 간단히 설명하였다. 이것이 여의치 않으면 대신애 웹 기반의 EDA Playground에서 사용할 수 있도록 설명하였다.

예제를 통하여 공부를 하므로 SystemVerilog 언어의 중요한 키워드들이 예제들에서 반복적으로 나오므로 독자들에게는 이들을 반복적으로 접하게 되어 자연스럽게 암기가 되도록 돕고 있다.

그리고 마지막 장에 UVM 프레임워크을 이용하여 테스트벤치를 만드는 방법에 대해서도 소개하였다.

아무쪼록 이 책이 많은 독자들에게 SystemVerilog 언어를 쉽게 배울 수 있도록 도움이 되었으면 하는 바람이다.

마지막으로 이 책의 발간을 도와주신 GS인터비전 송기수 사장님께 감사드리고 이 책을 쓴다고 주말조차도 학교에 나가는 남편을 묵묵히 지켜봐준 아내 성강옥과 아들 하회현에게도 감사를 전한다.

2021년 3월

저자 하판봉

차례

약어

ALU	Arithmetic and Logic Unit
ASCII	American Standard Code for Information Interchange
ASIC	Application-Specific IC
AXI	Advanced Extensible Interconnect
CMOS	Complementary MOS
CU	Control Unit
DEMUX	Demultiplexer
EDA	Electronic Design Automation
F/F	Flip-Flop
FSM	Finite State Machine
FPGA	Field Programmable Gate Array
GDS	Graphic Database System
H/W	Hardware
HDL	Hardware Description Language
I/O	Input and Output
IC	Integrated Circuit
IEEE	Institue of Electrical and Electronic Engineers
IP	Intellectual Property
IPC	Interprocess Communication
LHS	Left Hand Side
LRM	Language Reference Manual
LSB	Least Significant Bit
MOS	Metal-Oxide-Substrate
M/W	Middleware
MSB	Most Significant Bit
MUX	Multiplexer
NMOS	N-Type MOS
OOP	Object-Oriented Programming

OS	Operating System
OVI	Open Verilog International
OVM	Open Verification Methodology
P & R	Place and Route
PMOS	P-Type MOS
RAM	Random Access Memory
RCMOS	Resistive CMOS
RHS	Right Hand Side
RNMOS	Resistive NMOS
ROM	Read-Only Memory
RPMOS	Resistive PMOS
RTL	Register Transfer Level
RTRAN	Resistive Transmission
S/W	Software
SDF	Standard Delay Format
SDPD	State-Dependent Path Delay
SoC	System-on-a-Chip
TAT	Turn-Around Time
TLM	Transaction Level Modelling
TRAN	Transmission
UDP	User-Defined Primitives
UVM	Universal Verification Methodology
VCD	Value Change Dump
VCS	Verilog Compiled Simulator
VHDL	Very High-Speed IC HDL
VMM	Verification Methodology Manual

1

CHAPTER

FPGA와 Verilog 언어는 무엇인가?

1.1 FPGA란 무엇인가?

1.2 하드 IP와 집적된 CPU

1.3 FPGA 설계 과정

1.4 Verilog의 역사

1.5 Verilog 언어의 특징

1.6 Verilog를 이용한 설계 과정

학습목표

- FPGA는 무엇인지 설명한다
- FPGA 설계 과정을 설명한다
- Verilog 언어 역사에 대해서 설명한다
- Verilog를 이용한 설계 과정을 보인다

1.1 FPGA란 무엇인가?

FPGA(field-programmable gate array)는 말 그대로 프로그램 가능한 게이트 배열을 포함하고 있는 집적회로이지만 그 내에는 바로 사용할 수 있는 많은 공통의 역할을 하는 붙박이 (built-in) 하드웨어를 포함한다. FPGA 중심에는 수많은 논리 게이트, 배선, 및 레지스터들을 포함하고 있다. AND, OR, 및 NOT 같은 논리 연산을 수행하는 논리 게이트는 트랜지스터를 이용하여 만든다. FPGA는 이러한 부품들을 가지고서 재구성이 가능하도록 (reconfigurable) 하다는 것이 중요하다. 레고 블록을 생각하면 되겠다. 수많은 조각들을 조립하여 새로운 형체를 만드는 것으로 비유하면 되겠다. FPGA 칩내에 현재 수백만 개에서 수십억 개의 트랜지스터를 포함한다. 30% 작은 칩 공간에 이러한 수들이 2배가 되도록 설계 기술이 발전하고 있다. 이러다 보니 설계가 더욱 복잡해지고 누설 전력 손실이 늘어나며 트랜지스터가 더 약해진다.

1.2 하드 IP와 집적된 CPU

요즘, FPGA로 구현하는 것은 같은 기능을 하는 **ASIC(application-specific integrated circuit)**과 같은 크기에서 같은 효율을 보인다. 왜냐하면 표준 인터페이스나 마이크로프로세서 같은 자주 필요로 하는 미리 정의된 기능들을 미리 정의된 하드웨어 블록(하드 IP)으로 구현해놓았기 때문이다.

ASIC에 비해서 현장에서 프로그램 가능하다는 장점은 설계 변화에 대처해서 설계하고 있는 하드웨어를 수정할 수 있다는 것이다. 그래서 많은 설계자들은 FPGA를 선호한다.

1.3 FPGA 설계 과정

FPGA 설계는 다른 설계자들이 참고해서 수정해서 사용할 수 있는 청사진 같은 기준 설계(reference design)에서 시작할 수 있도록 해준다. 기준 설계는 FPGA 판매 지원 노력의 일부로 응용 엔지니어에 의해서 제공되지만 점차 제품 그 자체가 되고 있다.

1.3.1 기능 블록도

FPGA로 시스템을 설계하는 과정은 어떻게 되나 설명한다. 다음은 고수준 시스템 설계 흐름을 보인다.

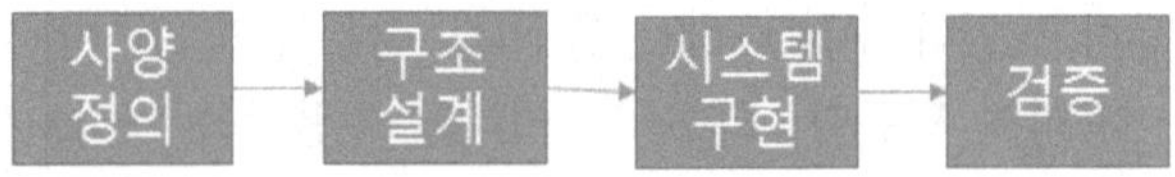

그림 1.1 시스템 설계 흐름

먼저 요구사항들을 정의하고 정의할 시스템의 구조를 만들어 내야한다. 여기서 구현할 설계에서 필요한 부품들을 정한다. 그 다음에, 계획된 구조를 이용하여 시스템을 구현한다. 마지막으로 요구조건들을 만족하는지 검증해야 한다.

그림 1.1은 가장 단순한 형태의 시스템 설계 흐름을 보여준다. 구조 생성과 시스템 구현은 시스템 구조가 어떨 것이며 시스템 설계에서 필요한 H/W을 만들고 시스템 설계를 구현하는데 필요한 S/W 응용을 만들 것이다. 위의 흐름을 좀 더 쪼개면 S/W 응용 흐름이라는 별도의 흐름으로 분리시킬 수 있다. 그림 1.2는 이것을 보여준다.

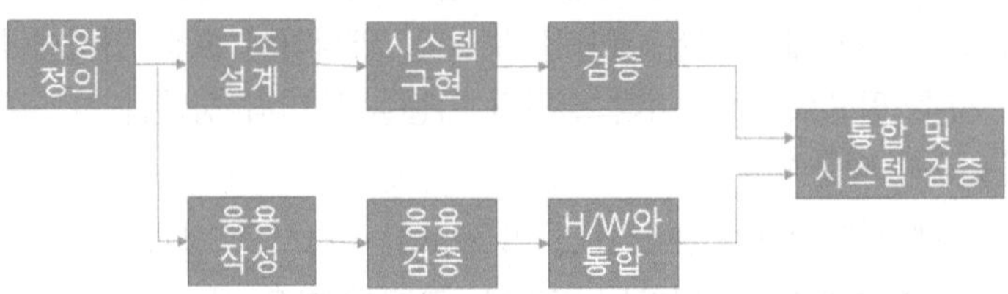

그림 1.2 S/W 응용 흐름을 포함하는 시스템 설계 흐름

응용 흐름은 시스템을 구현하는데 필요한 응용(자동화 응용 혹은 통신 응용)을 개발하는 것이다. 설계자들은 가끔 그 시스템이 배부될 응용에 따라 다른 플랫폼에서도 돌아갈 것을 고려해야한다. 종종, 응용 분야들은 이러한 배부될 시스템들이 공통의 기능을 수행하고 다른 시스템들과 같이 동작하도록 S/W 및 H/W 표준들을 확립해두고 있다. 설계자들은 그들의 응용 논리가 특정 표준과 개발 플랫폼에 무관하게 동작하도록 분리되도록 개발

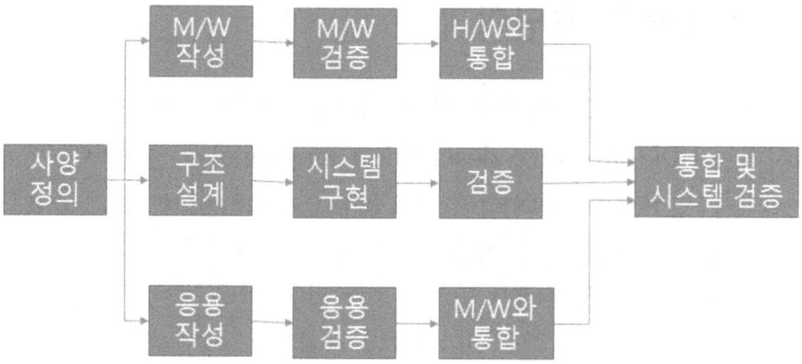

그림 1.3 미들웨어 포함하는 시스템 설계 흐름

하는데 이것을 **미들웨어(middleware: M/W)**라고 한다. 이러한 미들웨어는 다른 응용에서 재사용된다. 이러한 미들웨어의 장점은 다른 미래의 표준이나 플랫폼에 쉽게 포함되도록 하는 다른 장점이 있다. 그림 1.3은 미들웨어 개발을 포함하는 시스템 설계 흐름을 보인다.

1.3.2 기능 블록을 존재하는 IP로 바꾸기

FPGA 제조자들은 대부분의 시스템들이 다년간 수많은 같은 종류의 기능을 요구하는 것을 배워왔다. 이러한 기능으로 네트워크 데이터 I/O, 그래픽 처리, 마이크로프로세서 등이 있다. 그래서 이러한 블록들을 설계자가 제각기 개발하는 것은 이치에 맞지않다. 요즘 FPGA 제작자들이 이러한 기능들을 바로 사용할 수 있도록 **IP(intellectual property)**로 제공한다. IP는 H/W와 함께 이에 함께 돌아갈 S/W도 같이 제공된다. 설계된 블록도 내에 있는 블록들을 제공됭 IP로 대치한다.

1.3.3 없는 블록들을 코딩하기

요즘의 FPGA는 프로그램하기가 훨씬 더 쉬워졌다. 구현하고자 하는 블록을 찾아내어 사용하고자하는 **HDL(hardware description language)**를 선택하여 텍스트 에디터로 코딩하여 그 설계를 합성(synthesis)하여 PROM(programmable read-only memory) 파일을 만들어 FPGA에 로딩하면 된다. 로딩 되면, 로딩된 파일에 따라 FPGA가 재구성되어 돌아가게 된다. 에러 여부를 찾아내기 위하여 디버깅을 한다. 합성 툴은 HDL 코드를 번역하여 선택된 FPGA내에 존재하는 물리적인 H/W 블록들로 매핑시킨다. 이 과정에서 기존에 존재하는 IP와의 연결도 해준다.

1.3.4 시스템 설계 검증하기

FPGA의 검증은 시뮬레이션 환경에서 행해진다. 설계를 FPGA에 넣기 전에 설계가 잘 동작하는지 시뮬레이션하는데 시뮬레이션 툴을 사용한다. 설계가 의도된 대로 동작하는지 확인될 때까지 디버깅과 코드 검증은 반복된다. 대부분의 설계자들은 FPGA를 검증하는데 테스트벤치(test bench)를 사용한다. 테스트벤치는 FPGA에 집어넣을 시스템 모델을 구성하는 실제의 하드웨어와 소프트웨어 시뮬레이션이 섞여있는 것을 말한다. 대부분의 FPGA는 수백만 개에서 수십억 개의 게이트를 포함하기 때문에 모든 부분을 시뮬레이션하는 것은 불가능하다. 대신, 테스트벤치는 설계의 중요 부분을 포함하는 가장 중요하고 의미있는 게이트에 집중한다. 시뮬레이션 툴은 어떤 부분을 분리해서 이 부분을 설계자가 원하는 대로 동작하도록 하는 디버깅에 도움을 준다.

1.3.5 시스템을 FPGA에 맵핑하기

합성된 비트열은 시스템을 구현하기 위하여 FPGA에 다운로드 된다. HDL 코드를 수정하는 능력은 설계, 디버그, 및 검증을 똑같은 환경을 제공해서 더 빠르게 시장에 물건을 내놓는 시간(turn-around time: TAT)을 줄여준다.

1.3.6 시스템에서 설계를 실행해보기

설계가 하드웨어에 프로그래밍되고 원하는 대로 동작하는지 확인하는 것을 **클로져(closure)** 라고 한다. 많은 응용에서, 전력 소모가 중요하다. 그리고 속도가 다음으로 중요하다.

1.4 Verilog의 역사

HDL(hardware description language) 언어로 **VHDL(very high-speed IC HDL)**과 **Verilog**가 널리 사용되고 있다. Verilog는 1983년 미국 Gateway Design Automation사에서 **Verilog-XL**이라는 논리 시뮬레이터와 함께 사용할 수 있는 하드웨어 기술 언어를 개발한 것이 시초이다. 그 당시에 사용되고 있던 하드웨어 기술 언어인 HiLo와 범용 컴퓨터용 언어인 C를 기반으로 개발되었다. 1985년에 Verilog 언어와 시뮬레이터가 **EDA(electronic design automation)** 시장에 발표되었고 1989년에 Cadence Design Systems사가 Gateway Design Automation 사를 합병을 하여 Verilog 언어와 시뮬레이터에 대한 사용권을 가지고 있다.

Verilog 언어는 처음에는 시뮬레이션을 위하여 탄생되었으나 나중에 합성(synthesis) 기능이 추가되었다.

한편, 그 당시 미 국방성의 지원을 받아 국제 표준이 된 VHDL 언어에 부담을 느낀 Cadence Design Systems사는 Verilog 언어의 표준화에 대한 필요성을 느끼고 1991년 **OVI(Open Verilog International)**이라는 조직을 결성하고 Verilog 언어를 공개하였다. OVI는 **LRM(Language Reference Manual)**을 개정하는 등 많은 노력을 하여 1993년 12월에 IEEE Working Group이 구성되어 표준화 작업이 진행되어 1995년 12월에 IEEE Std. 1364-1995로 표준화되었다.

Cadence Design Systems 사는 OVI에 LRM을 공개한 이후로 많은 회사들이 Verilog 시뮬레이터를 개발하기 시작하여 특히 Chronologic Simulation 사에 의해서 개발된 **VCS (Verilog compiled simulator)**가 널리 사용되고 있다. VCS는 컴파일러 방식이라 인터프리터 방식인 Verilog-XL보다도 속도가 훨씬 빠르다.

그 후 Accellera가 기존의 Verilog 언어가 갖는 단점들을 보완하고 개선된 개정판 IEEE Std. 1364-2001과 IEEE Std. 1364-2005가 새로 나왔다. 원래 Accellera가 Verilog

IEEE Std 1364-2001의 확장 언어로 만든 SystemVerilog는 2005년 IEEE 표준으로 채택되었다. 2009년 IEEE는 **SoC(system-on-a-chip)** 기술이 보편화되면서 Verilog (IEEE 1364)를 SystemVerilog(IEEE 1800)에 통합 언어로 통합했다. 이제 Verilog와 **SystemVerilog**가 합쳐져서 SystemVerilog 2009 (IEEE Std. 1800-2009)로 나와 있다. 이전 버전과 마찬가지로 SystemVerilog는 많은 FPGA 공급 업체 및 ASIC 툴 공급 업체에서 지원된다. SystemVerilog는 HDL 설계 개발을 향상시키기 위해 개발되었으며 검증을 위한 전용 기능을 갖추고 있다.

SystemVerilog는 3개의 주요 하위 언어로 구성된다.

1. 디자인 지시문(directive): 설계자가 코드를 보다 간결하고 명시적으로 작성하게 도움을 주도록 합성기에 매크로를 정의하거나 지시하는 용도로 사용되는 문장들을 말한다. 합성기 전처리시 처리된다.
2. 객체 지향 클래스(class): 검증에 사용되며 테스트벤치 코드를 보다 유연하고 재사용할 수 있도록 **OOP(object-oriented programming)** 기법을 제공한다. 이 기능은 검증 방법론의 생성을 촉진했다: OVM , VMM , UVM
3. **표명(assertion)**: 프로토콜 및 내부 순차 신호의 검증 및 적용에 사용된다.

1.5 Verilog 언어의 특징

과거에는 회로의 구성 부품들을 도면으로 그려 회로들을 그려 설계할 수 있었으나 회로 내부에 들어가는 부품 수들이 기하급수적으로 늘어감에 따라 한계에 봉착하게 되었다. 현재는 하드웨어를 기술하는 언어인 Verilog로 문장(statement)으로 기술하여 표현하기 때문에 수 많은 부품들을 연결하는 회로들을 쉽게 구성할 수 있다. 또한 주석문(comment)을 적절한 곳에 넣음으로써 **문서화(documentation)**도 같이 할 수 있기 때문에 과거처럼 설계 후에 문서화를 따로 하지않고 동시에 할 수 있는 장점이 있다.

Verilog 언어는 국제적으로 공인된 표준이므로 특정 EDA 툴에 종속적이지 않으며 특정 공정 기술 또는 설계 방법에 제한 받지 않는다. Verilog 언어는 생산을 위하여 특정 반도체 제조회사의 공정 기술에 맞도록 회로를 **합성(synthesis)**하고 **검증(verification)**할 수 있다.

Verilog는 여러 단계의 설계가 가능하도록 하고 있는데 하드웨어와 소프트웨어가 분리되어 있을 때 가능하다. 이런 단점을 극복하기 위해 SystemVerilog가 나왔다. 시스템, **RTL(register transfer level)** 수준, 및 게이트와 스위치 수준의 시뮬레이션, 정적과 동적 타이밍 분석, 검증에 사용될 수 있다. 또한 게이트 수준의 **팬아웃**(fanout)가 **SDF(standard delay format)** 데이터를 이용한 타이밍 시뮬레이션도 지원한다.

1.6 Verilog를 이용한 설계 과정

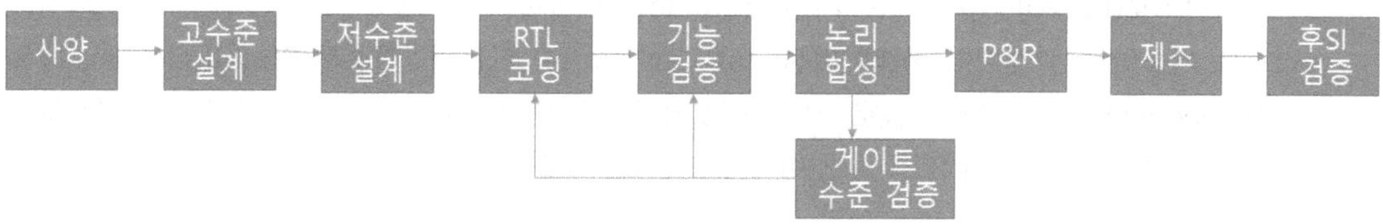

그림 1.4 전형적인 설계 과정

1.6.1 사양

이 과정은 설계하려는 시스템의 중요한 파라미터들을 정의하는 단계이다. **계수기**(counter)를 설계한다면 아마 다음과 같은 파라미터들이 나올 수 있을 것이다.

표 1.1 계수기 사양에 대한 예

계수기 사양	설명
bit 수	4비트
리세트 방식	동기식
출력 방식	동기식
인에이블 전압 수준	높은 전압

1.6.2 고수준(High-Level) 설계

고수준(high-level) 설계는 설계하려는 시스템의 여러 구성 블록들을 정의하고 어떻게 통신하는가 정의하는 단계이다. 예를 들어 마이크로프로세서를 설계한다면 동작에 따라 **ALU(arithmetic and logic unit), CU(control unit)**, 레지스터 그룹 등으로 나눌 수 있을 것이다.

1.6.3 마이크로(Micro) 또는 저수준(Low-Level) 설계

마이크로(micro) 설계 또는 **저수준(low-level) 설계**는 각 블록들을 어떻게 구현할 것인가를 기술하는 단계이다. **상태 머신(state machine)**, 카운터, **다중화기(multiplexer)**, **해독기(decoder)**, 레지스터 등들로 구현할 것이다. 블록들을 연결하는 부분에서의 타이밍도를 그려 전달하는 것이 아주 좋을 것이다. 가장 많은 시간을 보내는 단계이다.

1.6.4 RTL 코딩

RTL 코딩에서 마이크로 또는 저수준 설계가 Verilog 언어의 합성 가능한 구조를 사용해서 Verilog 언어 같은 HDL 코드로 변환된다. 일반적으로 텍스트 에디터를 사용한다.

실제의 **Verilog 코드**를 텍스트 에디터로 편집한 것을 다음 코드에서 보인다.

기호	해석	주석
0	0 상태	
1	1 상태	
x	모르는 상태	
?	0, 1, 그리고 x의 반복	출력 필드에서는 사용 불가
b	0과 1의 반복	출력 필드에서는 사용 불가
-	변화 없음	출력 필드에서만 사용 가능
(vw)	v에서 w로 값 변화	v와 w는 0, 1, x, ?, 혹은 b를 가질 수 있다.
*	(??)	어떠한 값 변화
r	(01)	상승 에지
f	(10)	하강 에지
p	(01), (0x), 그리고 (x1)	양수 에지
n	(10), (1x), 그리고 (x0)	음수 에지

```
module full_adder_implicit(ci, a, b, co, s)
//    ci
//     a
//   + b
// ------
// co s

input ci, a, b;
output co, s;
wire ci, a, b, co, s;
wire s1, c1, c2; //중간 wires

//half_adder에서 입력 순서 a, b, c, s
half_adder u0 (ci, a, c1, s1);
half_adder u1 (s1, b, c2, s);
or u3 (co, c1, c2);

endmodule
```

1.6.5 시뮬레이션

하드웨어 모델을 검증하는데 시뮬레이션 한다. 앞에서 언급했던 테스트벤치를 사용하여 RTL 블록들이 정상적으로 동작하는지 검증한다. 이러한 **테스트벤치(test bench) 코드**를 아래에 보인다. SystemVerilog의 이전 표준인 Verilog로 작성한 것인데 SystemVerilog가 Verilog를 포함하는 superset 이기 때문에 같이 사용할 수 있다. 나중에 설명하겠지만 Verilog에서는 자료형 wire와 reg를 구분해서 사용하고 있는데 SystemVerilog에서는 logic으로 통일해서 사용되는 것만 다르다.

```
module full_adder_tb()

reg ci, a, b;
wire co, s;

full_adder u (ci, a, b, co, s);

initial begin
    $monitor("Time=%t CI=%b A=%b B=%b CO=%b S=%b", $time, ci, a, b, co, s);
    ci = 0;
    a = 0;              // ci=0, b=0, a=0
    b = 0;
    #5 a = 1;           // ci=0, b=0, a=1
    #5 b = 1;           // ci=0, b=1, a=1
    #5 a = 0;           // ci=0, b=1, a=0
    #5 ci =1, b = 0; // ci=1, a=0, b=0
    #5 a = 1;           // ci=1, b=0, a=1
    #5 b = 1;           // ci=1, b=1, a=1
    #5 a = 0;           // ci=1, b=1, a=0
    #5 $finish;
end

endmodule
```

1.6.6 합성(Synthesis)

합성(synthesis)은 Verilog로 만든 RTL 코드, **목표 기술(target technology)** 라이브러리, 및 **제약 조건(constraint)**을 입력으로 받아 목표 기술 기본 요소 (primitive)로 맵핑하는 과정이다. 또한, 합성 툴은 매핑한 후에 배선의 지연은 감안하지 않고 게이트에서 유발되는 지연을 감안하여 타이밍 분석까지 해준다. **뒷단(back-end)**에 net 목록을 넘기기 전에 다음의 두 가지를 행한다.

1. 형식적(formal) 검증: RTL로부터 게이트로의 맵핑이 정확한지 검증한다.
2. 스캔(scan) 삽입: ASIC (application-specific integrated circuit)의 경우 스캔 체인을 삽입한다.

1.6.7 P & R(Placement and Routing)

합성 툴에서 나온 게이트 수준 네트 목록은 Verilog 네트 목록 형식으로 변환되어 **P & R(placement and route)** 툴에 의해서 받아들여진다. 모든 게이트나 레지스터가 놓여지고 배선된 뒤 P & R 툴은 **GDS(graphic database system)** 파일로 출력된다. 이것은 **파운드리(foundry)**에서 ASIC을 제조하기 위해서 사용된다. 보통, P & R 툴은 SDF(standard delay format) 파일을 출력하는데 사용된다. 이것은 게이트 수준 네트 목록과 함께 타이밍 분석을 위하여 정적 타이밍 분석을 위하여 **뒷주(back-annotation)**를 단다.

1.6.5 SI 후(Post SI) 검증

일단 프로토타입 칩이 제작되면 시장에 내놓기 전에 실제 환경에 두고 테스트해봐야 한다. RTL로만 시뮬레이션했을 때 배선 상의 지연 등이 고려가 되지 않았기 때문에 **SI 후(post SI) 검증**에서 버그가 생길 가능성이 있다.

연습문제

1. FPGA 설계과정 4단계는 무엇인가?

2. HDL에는 (　　)와 (　　)이 있다.

3. 테스트벤치란 무엇인가?

4. HDL을 이용한 설계과정을 설명하라.

5. 합성이란 무엇인가?

6. RTL 코딩이란 무엇인가?

7. 고수준 코딩과 저수준 코딩에 대해서 설명하라.

8. 추상화 (abstraction) 이란?

2
CHAPTER

처음으로 Verilog HDL 코드 만들기

학습목표

- ISE 툴 다운로드 하는 법을 배운다
- 테스트용 Verilog 코드를 작성한다
- 20분주 계수기의 예를 보인다
- ISE 툴을 사용하여 Verilog 코드를 작성하고 테스트하는 예를 보인다
- EDA Playground를 사용하는 예를 보인다

2.1 툴 다운로드하기

툴 시장의 양대 산맥으로 **Xilinx**사의 **ISE**와 **Altera**사의 **Quartus**가 있다. 여기서는 Xilinx사의 무료 툴인 **ISE Web Pack**을 사용하는 것으로 한다.

Xilix 웹사이트 (http://www.xilinx.com)에 가서 다운로드 받기위해서는 우선 로그인 ID와 비밀번호를 만들어야 한다. 메인 화면에서 sign in to access account를 클릭한다. Signup page에서 Create account를 클릭하여 다음 내용을 입력한다.

그림 2.1 로그인 ID와 비밀 번호 입력 창

그림 2.2 다운로드할 소프트웨어 선택 창

이 ID는 30일 동안 사용하는 것이고 가입 승인과 사용 가능한 등록 ID를 이메일로 보내주기 때문에 이메일은 정확하게 입력해야 한다.

승인 메일을 받고난 뒤 Xilinx 웹 페이지에 등록한 ID와 비밀 번호로 로그인한 뒤 다음 메뉴중 ISE Webpack (FREE download)을 선택한다.

다운로드 클릭 후 개인정보를 입력하고 다음으로 넘어간 뒤 제품 ID를 발급 받는데 무료 버전이기 때문에 신경 쓰지 않아도 된다. 공급자 적당히 선택하고 다음으로 진행한다. Download ISE WebPACK을 클릭하면 등록 ID가 이메일로 다시온다. 무료 버전인 경우 등록 ID는 중요하지 않다. 다운로드를 할 때 시뮬레이션을 위하여 **ModelSim Xilinx Edition**도 함께 다운로드해 둔다. 다운로드되면 설치를 한다. 주의할 점은 영문 소프트웨어이기 때문에 폴더 중에 한글 폴더를 만들지 않도록 한다. 중간에 라이선스 종류를 선택하는데 free를 선택한다. 이것으로 선택하지 않으면 실행이 되지 않으므로 조심한다.

2.2 Hello world 코드 만들기

Verilog HDL 코드는 **module**로 시작해서 **endmodule**로 끝난다. 아래의 예에서 모듈의 이름이 hello이다. Verilog에서 주의할 사항은 end로 시작하는 문장들 뒤에서는 문장이 끝남을 알리는 세미콜론 (;)을 절대로 붙이면 안된다.

initial은 시뮬레이션을 시작할 때 단 한번만 실행되는 **절차적(procedural) 블록**을 기술할 때 사용한다. 그에 반하여 **always** 절차적 블록은 항상 반복적으로 실행된다. hello 코드에서는 단 한개의 initial 블록이 있는데 여러 개의 블록이 있을 수 있다. 여러 개 있을 때 그 절차적 블록들은 순서에 상관없이 동시에 실행된다. C와 같은 다른 고급언어와의 차이점은 순서에 상관없이 module 내에 존재하는 모든 절차적 블록들이 동시에 실행된다. 그렇지만 절차적 블록 내에서는 일반적으로 한 문장씩 순서대로 실행된다.

여기서 달러 (**$**)로 시작하는 문장은 **시스템 태스크(system task)**이다. **$display** 시스템 태스크는 인수로 있는 문자열을 표준 출력장치(보통 디스플레이 장치)로 출력한다. 그리고 **$finish** 시스템 태스크는 실행을 끝내고 **운영체계(operating system: OS)**로 돌아가게 한다.

begin과 **end**는 여러 문장들을 블록으로 묶어주기 위해서 사용된다.

```
module hello;

  initial begin
    $display("Hello, world!");
    $finish;
  end

endmodule
```

위 코드를 실행하면 디스플레이 장치에 'Hello, world!'가 나타난다.

다음은 실제로 바로 적용할 수 있는 두개의 enable신호를 가진 20분주 계수기(counter)의 실제 예를 보여준다. 20분주를 나타내기 위하여 size=5라는 상수를 선언했는데 5 비트가 필요하다는 것을 의미한다. 그리고 length=20으로 20분주 계수기의 상태 수를 명시한다. 여기서 **parameter**는 자주 쓰는 상수를 정의할 때 사용한다. //로 시작하는 문장은 실행에 상관없는 문서화를 위한 주석문이다. **input**과 **output**는 모듈의 외부 신호인 **포트(port)** 신호의 입·출력 방향을 나타낸다. output과 자료형 reg 뒤의 [size-1:0]은 선의 수가 0에서 4까지 5개가 있는 **벡터(vector)** 신호라는 의미이다. 단순한 선 연결에 관련된 자료형은 **wire**이고 래치나 플립플롭과 같은 메모리를 갖는 선은 **reg** 자료형으로 선언해야 한다. Verilog에서 따로 언급이 없는 신호들은 디폴트로 wire로 간주된다. **@**으로 always 절차적 블록이 실행될 조건을 명시할 수 있다. 여기서 **posedge** clk은 clk 신호의 **상승 모**

서리(positive edge)를 의미한다. **==**는 같은가를 비교하는 관계 연산자이다. 값을 할당하는 **<=**는 다음에 자세히 설명하겠지만 우선적으로 **순차 논리(sequential logic)**를 구현할 때 reg 자료형에 값을 할당 할 때 **비방해 할당(non-blocking assignment)** 이 사용된다. 일반 변수에 할당할 때는 **방해 할당(blocking assignment)**인 **=**를 사용한다.

```
module div20x (rst, clk, cet, cep, count, tc);
   // 두 개의 enable을 가진 20분주 계수기
   // enable cep is a clock enable only
   // enable cet is a clock enable and enables the tc output

   parameter size = 5;
   parameter length = 20;

   input rst; // These inputs/outputs represent
   input clk; // connections to the module.
   input cet;
   input cep;

   output [size-1:0] count;
   output tc;

   reg [size-1:0] count; // Signals assigned within an always
                                  // (or initial) block must be of type reg

   wire tc; // Other signals are of type wire

   // The always statement below is a parallel execution statement that
   // executes any time the signal rst or clk transits from low to high
```

```
    always @ (posedge clk or posedge rst)
       if (rst) // This causes reset to the counter
          count <= {size{1'b0}};
       else if (cet && cep) // Enables both true
       begin
          if (count == length-1)
             count <= {size{1'b0}};
          else
             count <= count + 1'b1;
       end

    // the value of tc is continuously assigned
    // the value of the expression
    assign tc = (cet && (count == length-1));

endmodule
```

위의 코드를 실행하면 두 enable 신호인 ent와 enp가 동시에 논리 1상태로 활성화되면 20분주 계수기로 동작하여 과거 값에다 1만큼 증가시킨다. 과거 값이 20분주 계수기의 최대값인 19였다면 0으로 리세트된다. 클록과 무관하게 reset에서 상승 모서리가 발생하면 계수기는 0으로 리세트된다. 5비트 출력 신호인 count로 부터 입력 클록의 20분주된 출력이 나온다. 만약 cet가 활성화되었다면 (논리 1 상태가 되었을 때) 계수기의 최대값인 19가 나올 때 tc 출력 신호가 논리 1상태를 출력한다.

2.3 ISE 툴을 사용하여 코드 만들기

간단하게 ISE 툴을 사용하여 다음과 같은 간단한 코드를 작성하는 예를 보인다.

```
module halfadder(a, b, sum, carry)
input a, b;
output c, s;
wire a, b, carry, sum;

assign sum = a ^ b;     // sum = a xor b
assign carry = a & b; // carry = a and b

endmodule
```

먼저 **ISE**를 실행하여 파일 메뉴중 New Project을 선택한다. 그러면 새로운 프로젝트 마술사 (new project wizard) 창이 뜬다.

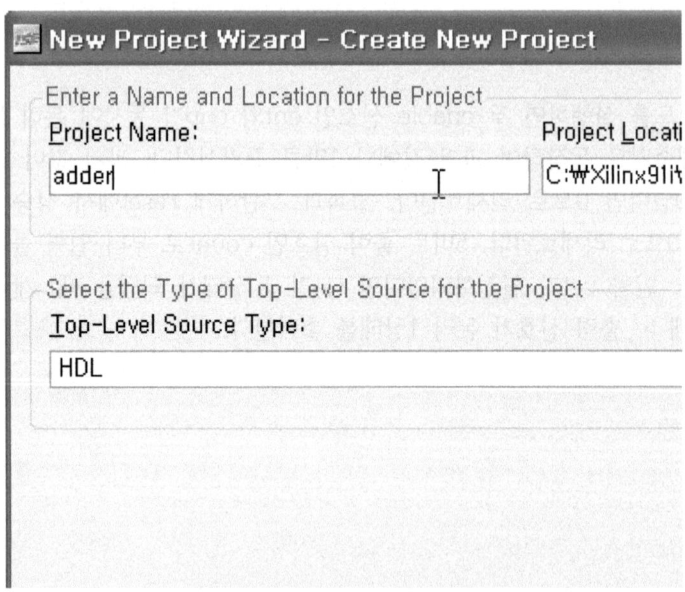

그림 2.3 새로운 프로젝트 마술사 창

먼저 ISE를 실행하여 파일 메뉴중 New Project을 선택한다. 그러면 새로운 프로젝트 마술사(new project wizard) 창이 뜬다. 프로젝트명 adder로 넣고 Top-Level Source Type는 HDL로 선택한다. 그리고 다음 창처럼 사용하는 FPGA 디바이스, 패키지, 및 속도 등급(나중에 변경 가능하므로 디바이스가 정해지지 않았으면 적당히 넣는다)을 넣고 합성 툴은 XST, 시뮬레이터는 ISE Simulator, 및 Preferred Language는 Verilog로 선택한다.

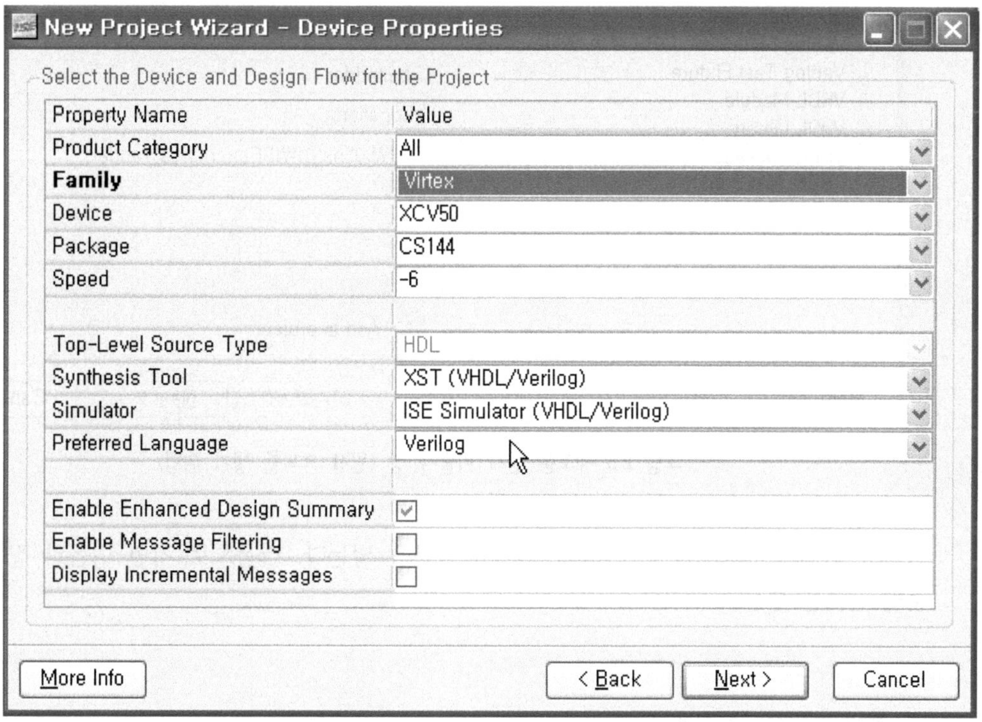

그림 2.4 FPGA 디바이스 및 합성과 시뮬레이션 툴 선택 창

다음에는 새로운 **원시(source)** 코드를 넣어야 한다. 이제 프로젝트 메뉴의 New Source를 선택하면 다음과 같은 새로운 원시 마술사가 뜬다.

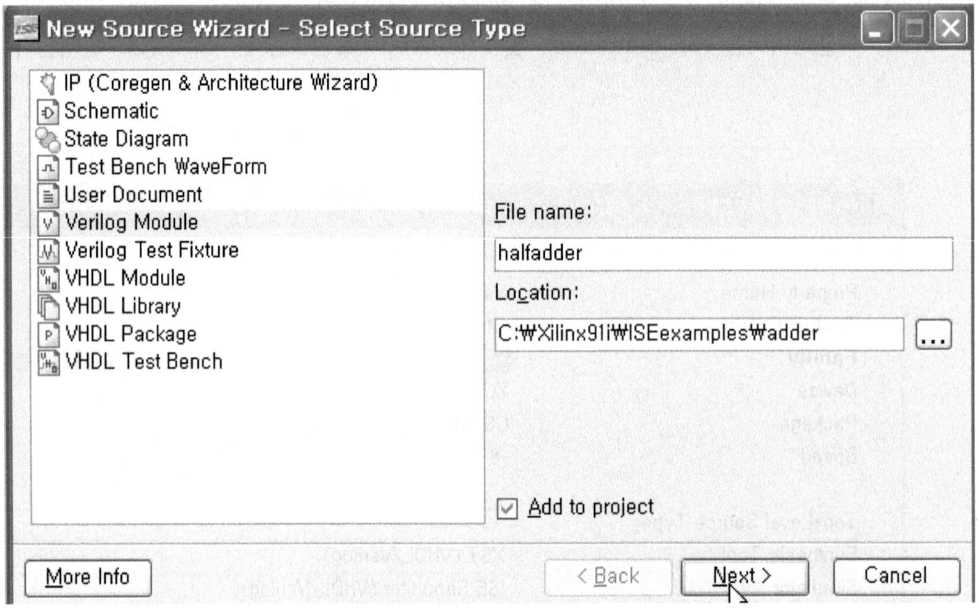

그림 2.5 새로운 원시 마술사 창 (원시 코드를 넣기 위함)

여기서 Verilog Module을 선택하고 파일 이름을 넣는다. 다음으로 가면 다음과 같은 입·출력 신호를 넣는 창이 뜬다.

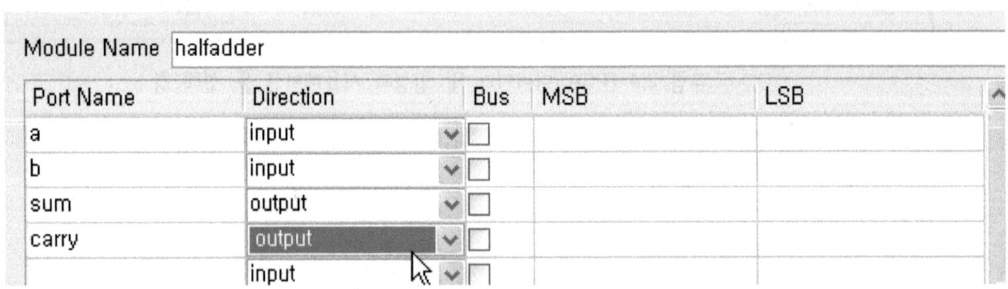

그림 2.6 입·출력 신호를 넣는 창

다음으로 진행하면 미리 만들어진 템플릿으로 원시 코드를 넣는 창이 뜰 것이다. 그러면 원하는 코드를 넣으면 된다.

이제 시뮬레이션해보기 위해서 다시 프로젝트의 New Source를 선택하면 다음과 같은 창이 뜰 것이다. 파일 명은 halfadder_test로 넣는다.

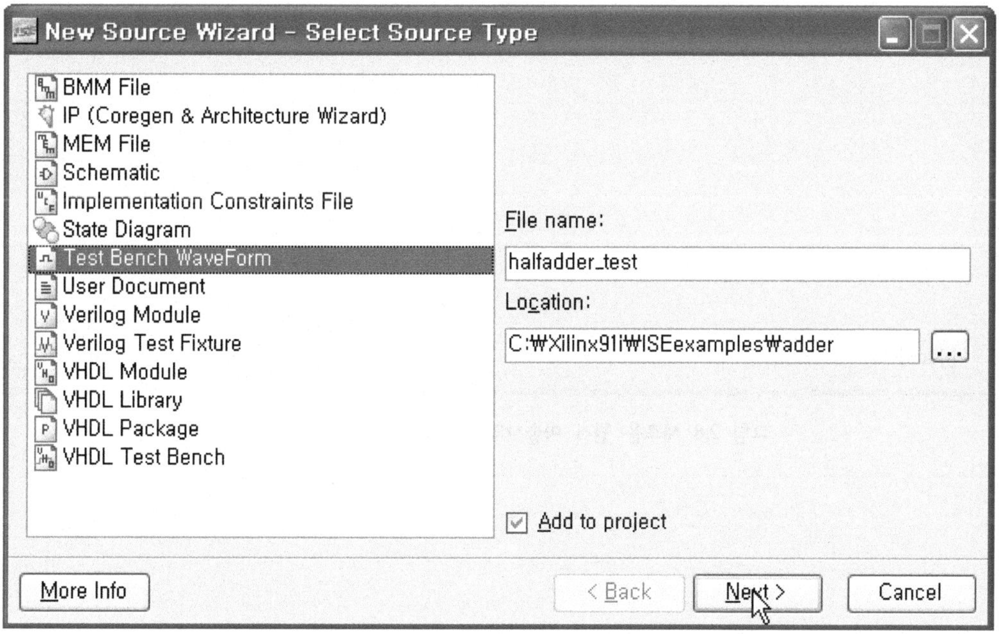

그림 2.7 새로운 원시 마술사 창 (시뮬레이션을 위한 테스트벤치를 만들기 위함).

위와 같이 Test Bench Waveform을 선택한다. 다음으로 가면 다음과 같은 원시 코드를 연결시키는 창이 뜬다. 여기서는 halfadder 모듈 밖에 없기 때문에 이것 밖에 뜨지 않는다.

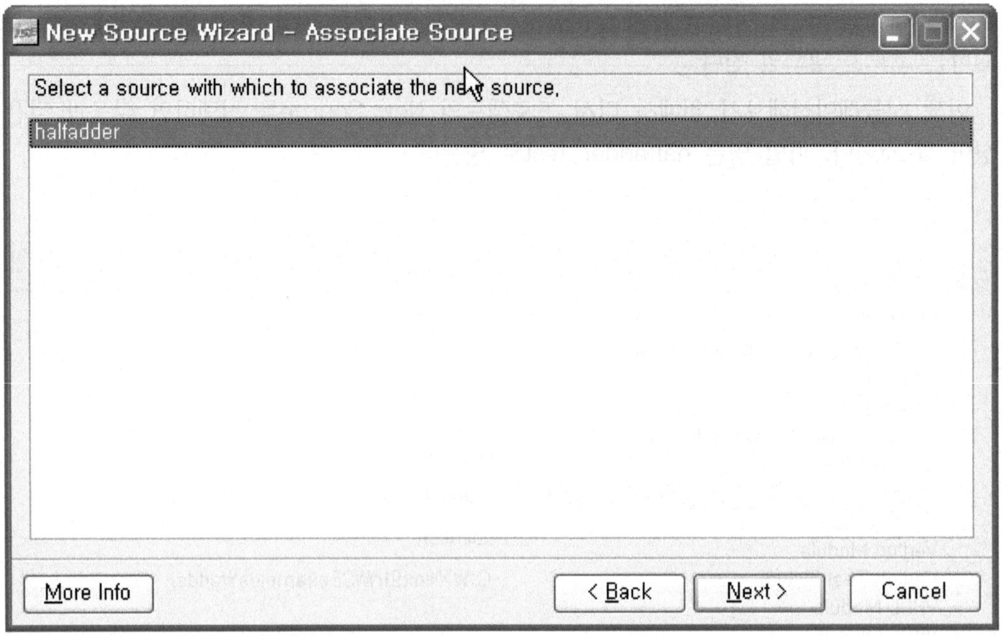

그림 2.8 새로운 원시 마술사의 원시 코드를 연결시키는 창

그리고 시뮬레이션 할 코드가 클록이 필요없는 조합 논리 회로이므로 아래와 같이 Combinatorial을 선택하고 시뮬레이션 시간은 1000 ns로 입력한다.

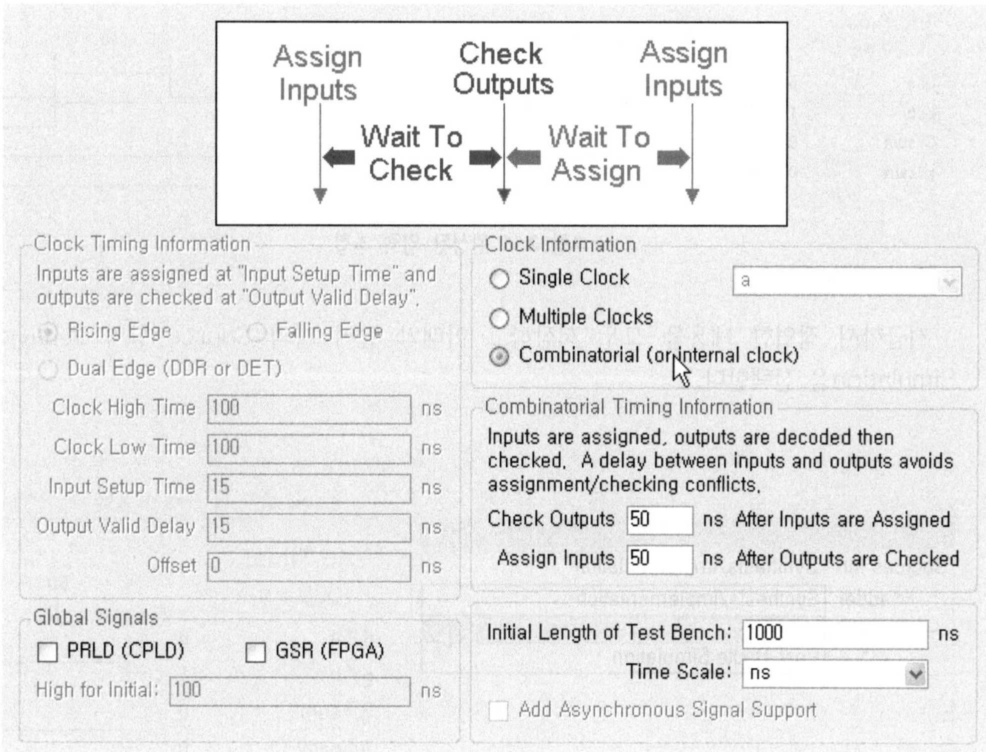

그림 2.9 클록과 시뮬레이션 시간 넣는 창

그러면 아래와 같은 창이 나올 것이다. 여기에서 적당히 마우스로 a와 b의 입력을 넣어준다.

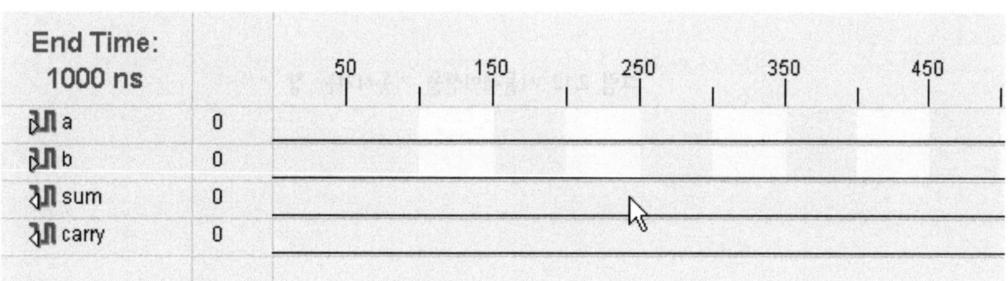

그림 2.10 입력 넣는 창

다음과 같이 입력 조합을 만들었다.

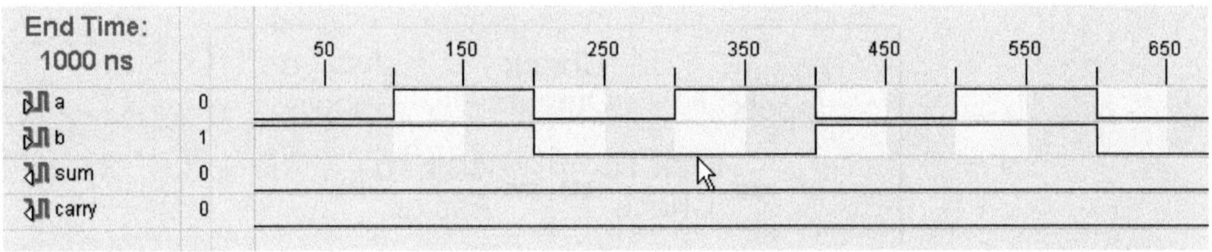

그림 2.11 완성된 입력 조합

지금까지 작업한 내용을 모두 저장하고 아래와 같이 툴의 Source 창의 Behavioral Simulation을 선택한다.

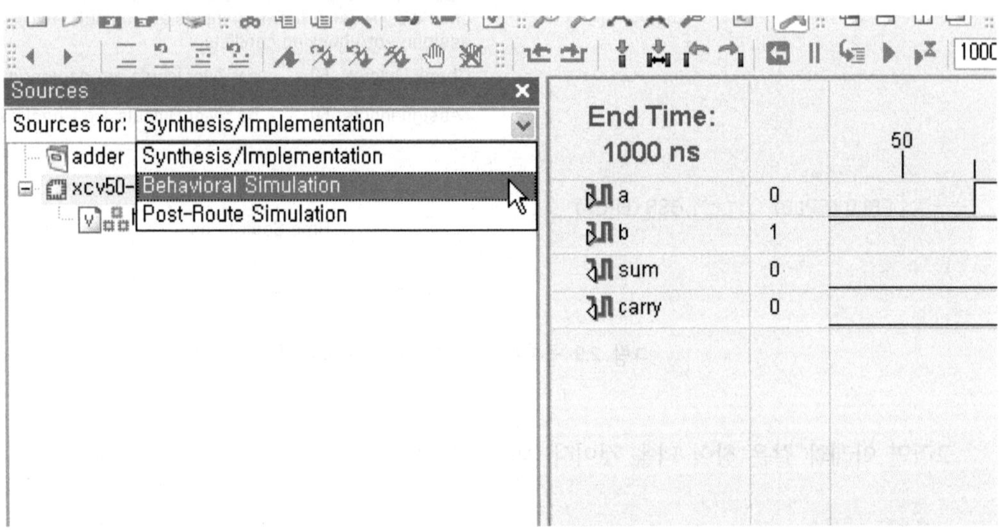

그림 2.12 시뮬레이션을 기동시키는 창

다음 그림과 같이 Source 창에서 half_adder_test를 선택한다.

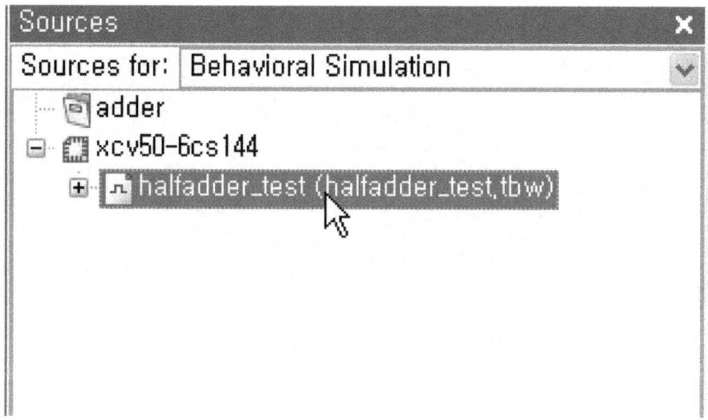

그림 2.13 시뮬레이션을 위한 테스트벤치 파일 선택하기

그리고 Process 창의 Xilinx ISE Simulator 밑의 Behavioral Model을 선택한다.

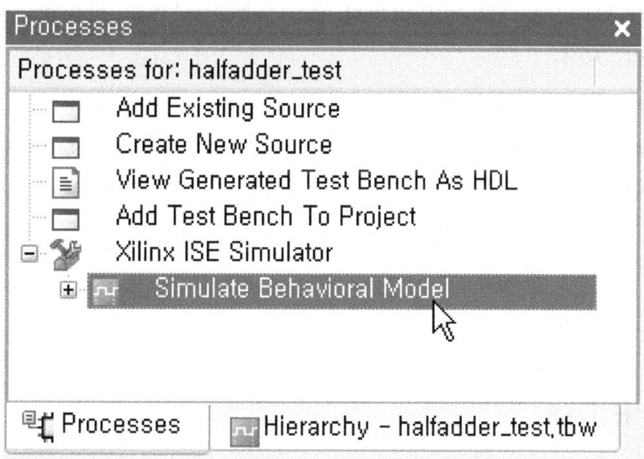

그림 2.14 시뮬레이터를 기동하는 창

그러면 입력 창에서 넣어준 입력 신호에 따라 시뮬레이션 된 타이밍도가 다음 그림처럼 출력될 것이다.

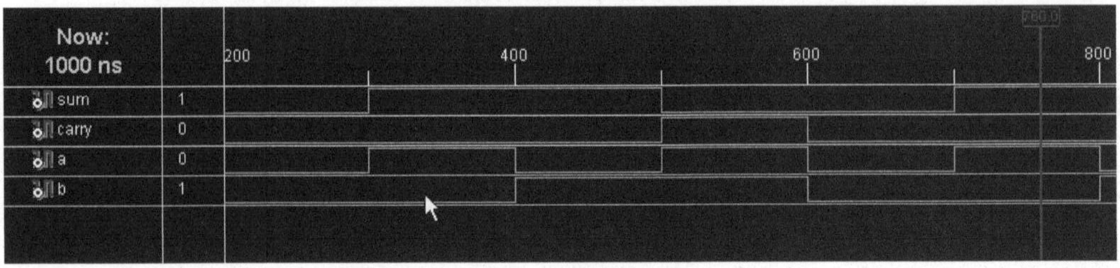

그림 2.15 시뮬레이터로부터 생성된 타이밍도

2.4 Cloud에서 실행하기

컴퓨터에 툴을 설치하지 않고 web browser로만 cloud service인 EDA Playground에 계정을 만들어 Verilog, SystemVerilog, 및 UVM을 무료로 사용할 수도 있다. 결과를 파형으로 볼 수도 있다.

원래 Victor EDA(http://www.victoreda.com)에 의해 개발되었으나 2015년 Doulos (https://www.doulos.com)에 인수되었다. 초기에는 지원하는 simulator의 종류가 많지 않았으나, 사용자가 점점 많아지고 널리 알려지면서 현재 Cadence의 Incisive, Synopsys의 VCS까지 지원하고 있다. 단, 상용 simulator의 경우 로그인 후 회사/기관 메일 주소를 통한 인증 과정이 필요할 수 있다.

2.4.1 Add Files

EDA Playground는 최대 1,000,000자까지의 여러 파일을 지원합니다. 파일은 HDL 소스 파일이거나 테스트벤치에 대한 입력으로 사용할 텍스트 파일일 수 있다.

파일을 추가하려면 테스트벤치 또는 디자인 창에서 + 기호를 클릭한다. 그런 다음 새 파일을 만들거나 기존 파일을 업로드한다. 파일 이름은 특수 문자를 포함할 수 없다.

2.4.2 Tools & Simulators

'Open EPWave after Run' 옵션을 선택하면 시뮬레이션 실행이 완료된 후 새 창에서 EPWave 파형 보기가 열린다(팝업을 활성화해야 함). 실행 단계가 있는 모든 시뮬레이터에서 사용할 수 있다.

Yosis는 논리적 합성을 수행하고 넷리스트를 생성하기 위한 합성 도구이다.

2.4.3 EDA Playground에서 실행해 보기

EDA Playground에 log-in해서 들어가면 다음과 같은 화면이 뜬다.

그림 2.16. EDA Playground log-in시 초기 화면

testbench 창에 테스트벤치코드를 넣고 design 창에 설계 코드를 다음 그림과 같이 입력한다. 설계 코드는 1-bit NOT 버퍼이다.

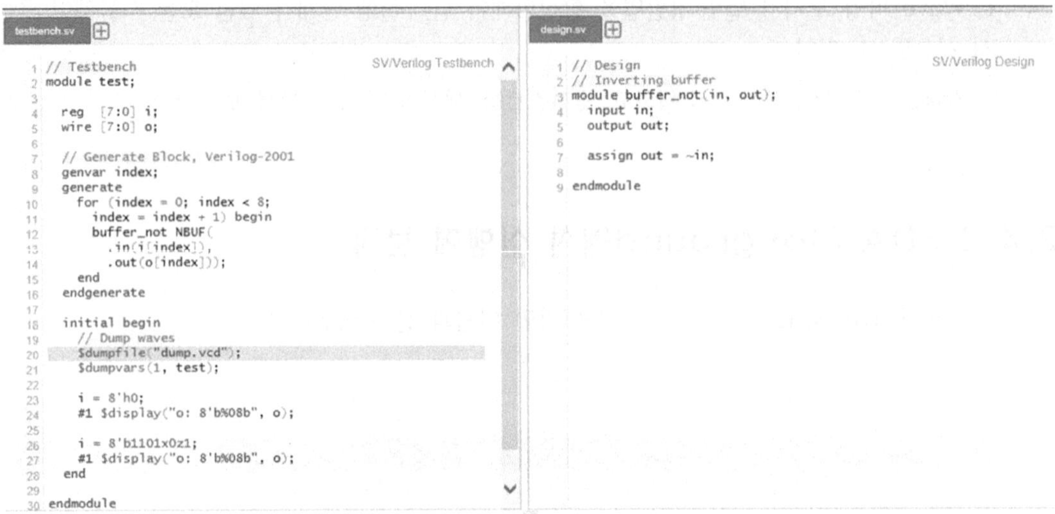


```
// Testbench
module test;

  reg  [7:0] i;
  wire [7:0] o;

  // Generate Block, Verilog-2001
  genvar index;
  generate
    for (index = 0; index < 8;
      index = index + 1) begin
      buffer_not NBUF(
        .in(i[index]),
        .out(o[index]));
    end
  endgenerate

  initial begin
    // Dump waves
    $dumpfile("dump.vcd");
    $dumpvars(1, test);

    i = 8'h0;
    #1 $display("o: 8'b%08b", o);

    i = 8'b1101x0z1;
    #1 $display("o: 8'b%08b", o);
  end

endmodule
```

```
// Design
// Inverting buffer
module buffer_not(in, out);
  input in;
  output out;

  assign out = ~in;

endmodule
```

그림 2.17. 테스트벤치 코드와 설계 코드 넣기

테스트벤치 코드 중에 있는 generate 블록은 다음 그림과 같이 8-비트 NOT 버퍼를 for 순환문으로 구현해준다.

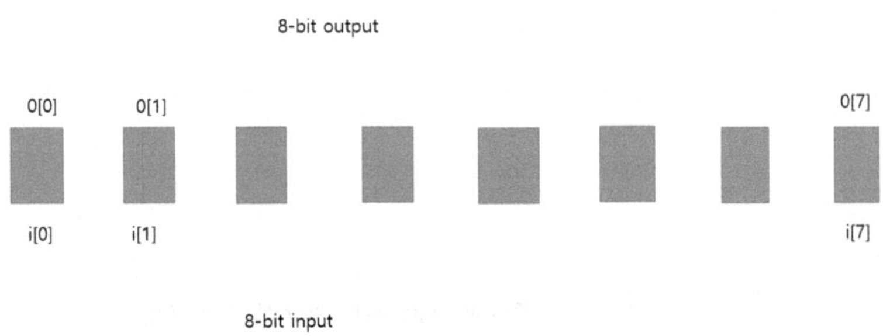

그림 2.18. 8-비트 NOT 버퍼

위 코드를 실행하면 다음과 같은 파형을 얻을 수 있을 것이다.

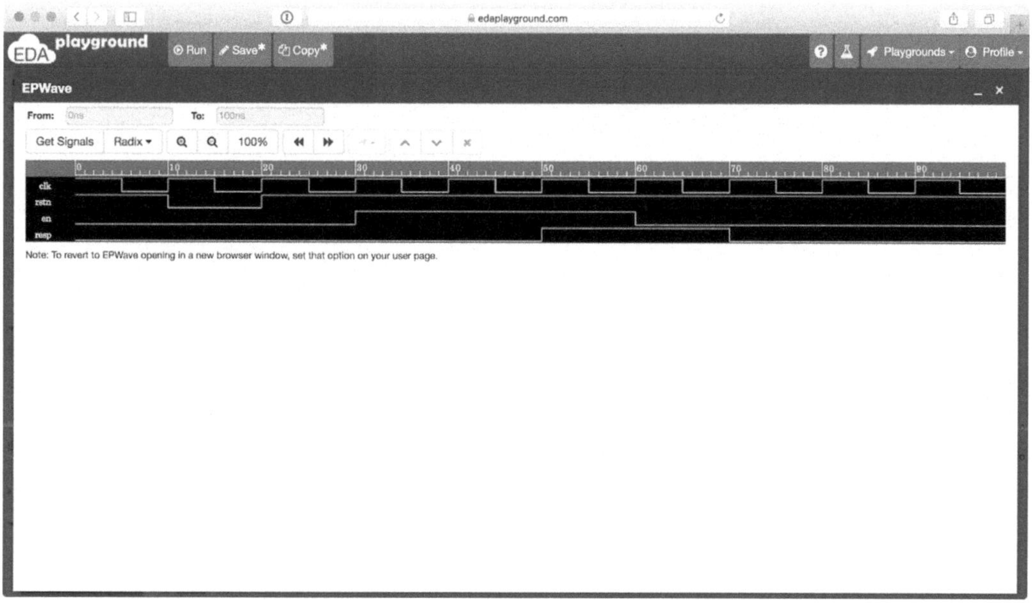

그림 2.19. 실행하여 얻은 출력 파형

3

CHAPTER

Verilog 문법(Syntax)과 의미(Semantic)

학습목표

- Verilog 문법과 의미에 대해서 공부한다
- 여백에 대해서 배운다
- 식별자 만드는 법에 대해서 배운다
- Verilog에서 수 표현하는 방법을 배운다
- Verilog에서 사용하는 자료형을 설명한다
- 문자열에 대해서 공부한다
- 상수 선언하는 법을 배운다
- 모듈 가져오기에 대해서 공부한다
- 포트에 대해서 공부한다
- 포트 연결 규칙에 대해서 배운다
- 테스트벤치에 대해서 공부한다
- 구조적 식별자에 대해서 설명한다

Verilog 언어는 사전적으로 보면 고급 언어인 C언어와 상당히 유사하다. Verilog는 대소문자를 구분한다. **핵심어(keyword)**는 모두 소문자를 사용해야 한다.

3.1 여백(White Space)

빈공간(**blank space**), 탭(**tab**), 새줄(**newline**), **캐리지 리턴**, **폼 피드** 같은 글자를 여백(**white space**)이라고 하고 실행에 관여하지 않고 코드를 작성할 때 가독성이 좋게 할 때 사용된다. 문자열 내에서는 무시되지 않는다.

다음은 가독성을 전혀 고려않고 작성한 코드이다. 어떤가? 앞 장에서 본 코드와 비교해서 보기가 참 어렵다.

```
module div20x (rst, clk, cet, cep, count, tc);
// 두 개의 enable을 가진 20분주 계수기
// enable cep is a clock enable only
// enable cet is a clock enable and enables the tc output
parameter size = 5;
parameter length = 20;
input rst; // These inputs/outputs represent
input clk; // connections to the module.
input cet;
input cep;
output [size-1:0] count;
output tc;
reg [size-1:0] count; // Signals assigned within an always
// (or initial) block must be of type reg
wire tc; // Other signals are of type wire
// The always statement below is a parallel execution statement that
// executes any time the signals rst or clk transits from low to high
```

```
always @ (posedge clk or posedge rst)
if (rst) // This causes reset of the cntr
count <= {size{1'b0}};
else if (cet && cep) // Enables both  true
begin
if (count == length-1)
count <= {size{1'b0}};
else
count <= count + 1'b1;
end
// the value of tc is continuously assigned
// the value of the expression
assign tc = (cet && (count == length-1));
endmodule
```

주석문을 작성할 때는 2가지 방법이 있다. 한줄의 주석을 할 때는 줄마다 //로 시작하면 되고 여러 줄의 주석을 만들 때는 /*로 주석을 시작해서 */로 끝내주면 된다. 앞의 예에서 여러 줄의 주석으로 고치면 다음과 같다.

```
module div20x (rst, clk, cet, cep, count, tc);
/*
   두 개의 enable을 가진 20분주 계수기
   enable cep is a clock enable only
   enable cet is a clock enable and enables the tc output
*/
parameter size = 5;
parameter length = 20;
```

3.2 식별자(Identifier)

식별자(identifier)는 wire, reg, 함수, 모듈 같은 대상에 다른 곳에서 참조할 수 있도록 부여된 이름을 의미한다.

1. 식별자는 대·소문자 영어 알파벳(a-z 혹은 A-Z)이나 언더 스코어 (_)로 반드시 시작해야 한다.
2. 두 번째부터 영어 알파뉴메릭(a-z, A-Z, 혹은 0-9)이나 언더 스코어나 달러 ($)가 올 수 있다. 첫 번째 문자로 사용된 $는 시스템 함수에서만 사용된다.
3. 식별자는 대·소문자를 구분한다(case-sensitive).
4. 식별자의 길이는 최대 1024개 문자이다.

data_input, my$clk, i386, _temp 등은 사용가능한 식별자이지만 $clk, 400pins 등은 잘못된 식별자이다.

만약 프린터에 출력가능한 문자(ASCII 코드로 0x21에서 0x7e)를 포함한 식별자를 허용해주는 **도피된 식별자(escaped identifier)**를 사용할 수 있다. 도피된 식별자는 다음 규칙을 따라야 한다.

1. 도피된 식별자는 반드시 백슬래시(\)로 시작해야 한다.
2. 도피된 식별자는 여백으로 끝나야 한다.

도피된 식별자의 예로 \1dff , \q/ , \reset* 등이 있다.

3.3 Verilog에서 수 표현하기

Verilog에서 **수(number)**를 2진수, 8진수, 10진수, 및 16진수로 나타낼 수 있다. 음수는 2의 보수로 표현된다. 숫자에서 물음표 (?)가 나타나면 **고저항(high-impedance)** 상태인 z와 동일하다. 수 내에서 첫 번째 위치를 제외하고 가독성을 높여 주기 위해 어느 위치에나 언더 스코어 (_)를 사용해도 된다. 한 비트 값으로는 **0, 1, x(모르는 값)**, 및 **z(고저항 상태)** 중 하나를 가질 수 있다. 디지털 공학에서 x를 무정의(don't-care) 조건을 의미할 때 사용하는데 Verilog에서는 모르는 값, 초기화 안된 값으로 사용되니 조심해야 한다.

값	의미
0	낮은 수준 또는 거짓
1	높은 수준 및 참
x	모르는 논리 값
z	고저항 상태

3.3.1 정수(Integer)

정수는 부호를 갖거나 갖지 않는 수로 표현될 수 있다. 정수는 디폴트로 32비트로 구성된다. 16진수에서 사용되는 숫자 (a, b, c, d, e, f)는 대·소문자 구분하지 않는다. 2, 8, 및 16진수에서는 x와 z가 올 수 있다.

사용 예는 다음과 같다. <size>, <radix>, 및 <value> 사이에는 여백이 들어가도 무방하다. 여기서 <size>는 뒤에 나오는 <value>를 2진수로 표현했을 때의 비트 수를 나타낸다.

수를 표현하는 형식은 다음과 같다. <size>와 <radix> 사이에 single quotation (')이 온다. <radix>나 <value> 사이에서는 +나 - 부호 사용이 안된다.

```
<size>'<radix><value>
```

정수	저장된 값
1	32'h0000_0001
'hf	32'h0000_000f
8'bz	8'bzzzz_zzzz
6'hA	6'b00_1010

<radix>는 **2진수(binary numbering number)**일 때 b 혹은 B, **8진수(octal numbering number)**일 때 o 혹은 O, **10진수(decimal numbering number)**일 때 d 혹은 D, 마지막으로 **16진수(hexadecimal numbering number)**일 때 h 혹은 H가 사용된다. <value>를 <size> 비트 수로 표현했을 때 자리 수가 부족하면 왼쪽 부분이 잘리게 되고 남으면 가장 유효자리가 높은 비트 (MSB)에 x나 z가 있으면 x나 z로 확장하여 자리 수를 채우고 나머지 경우는 0으로 자리 수를 채운다. 16'hazxd는 16'b1010_zzzz_xxxx_1101이다. Verilog-2001 표준에서는 4'hf하면 **부호 없는(unsigned)** 숫자로 1111을 나타낼 뿐이지만 4'shf로 s를 붙이면 **부호를 가진(signed)** 수로 취급하여 1111이나 2의 보수 표현으로 -1 (= -4'd1)으로 나타낼 수 있다.

3.3.2 실수(Real Number)

Verilog는 실수 상수와 실수 변수를 지원한다. **실수**는 **배정도 부동소숫점 수(double-precision floating number)**로 나타내진다. 실수에서는 x나 z가 허용되지 않는다. 실수가 정수로 표현될 때는 반올림된다. 실수는 10진 표기나 과학적 표기로 나타낼 수 있다. 예를 들어 3.59, -4.789, 3.5e6이다. 다른 언어에서는 0.9를 나타낼 때 .9가 허용되나 Verilog에서는 허용되지 않으니 조심하기 바란다.

Verilog에서 부호를 가진 수와 부호를 가지지 않은 수를 구분하지 않는다. 부호를 갖도록 하려면 수 앞에 마이너스 (−)를 붙이면 **2의 보수(2's complement)**로 표현되어서 저장된다.

3.4 자료형(Data Type)

Verilog에는 다음과 같은 두 가지 기본 **자료형(data type)**이 있다.

1. net: 부품간에 구조적 연결을 나타낼 때 사용한다.
2. register: 데이터를 저장할 때 사용한다.

net 자료형의 종류로는 다음 표와 같다.

net 자료형	역할
wire, tri	선을 서로 연결할 때 사용한다. wire는 한 개의 드라이버를 가질 때, tri는 여러개 드라이버를 가질 때 사용된다.
wor, trior	여러 개 드라이버를 갖는다. **wired** OR(ECL 논리 계열에서 사용) 구성을 갖는다.
wand, triand	여러 개 드라이버를 갖는다. **wired** AND(TTL 논리 계열에서 개방 콜렉터에서 사용) 구성을 갖는다.
tri0, tri1	tri와 같다. 구동되지 않을 때 저항적 **pull-down**과 **pull-up**이 된다.
supply0, supply1	전압공급기 세기로 논리 0 (GND)와 논리 1 (Vdd)을 갖는다.
trireg	삼상 콘덴서 출력이다. 구동되지 않을 때 과거 값을 유지한다.

이것에 대한 여러 **드라이버(driver)**가 있을 때 다음과 같은 출력이 나온다.

wire	0	1	x	z
0	0	x	x	0
1	x	1	x	1
x	x	x	x	x
z	0	1	x	z

wor	0	1	x	z
0	0	1	x	0
1	1	1	1	1
x	x	1	x	x
z	0	1	x	z

wand	0	1	x	z
0	0	0	0	0
1	0	1	x	1
x	0	x	x	x
z	0	1	x	z

그림 3.1 두 드라이버간의 최종 출력

tri0	0	1	x	z
0	0	x	x	0
1	x	1	x	1
x	x	x	x	x
z	0	1	x	0

tri1	0	1	x	z
0	0	x	x	0
1	x	1	x	1
x	x	x	x	x
z	0	1	x	1

그림 3.2 두 드라이버간의 최종 출력

net 자료형을 사용한 예를 아래에 보인다.

```
wire [7:0] a;
tri tristate_buffer;
wand #5 sig_1; // 5 단위 시간 후에 출력이 나온다
trireg (small) t; // small 전하 세기를 가진 콘덴서 출력
wor (strong1, weak0) wire_or; // 1일 때 strong1 세기, 0일 때 weak0 세기를 가짐
trior (pull1, weak0) [3:0] #(5:3:4) vect;
// 위에서 #(5,3,4)는 높은 출력이 나올 시 지연이 5, 낮은 출력이 나올 시 지연이 3,
// turn-off 되는데 지연이 4 단위 시간을 요한다는 의미이다
```

레지스터(register)는 데이터 저장하는데 사용되는 변수이다. 다른 데이터가 할당될 때까지 저장된 값을 유지한다. reg을 배열로 나타내면 메모리를 모델링할 수 있다. **절차적 블록(procedural block)**에서 **변수(variable)**로 사용될 수 있고 절차적 블록 내에서 신호에 값을 할당하려면 register 자료형이 요구된다. 절차적 블록은 initial이나 always로 시작된다.

레지스터 자료형	역할
reg	부호 없는 변수
integer	부호 있는 변수 (32 비트)
time	부호 없는 정수 (64 비트)
real	배정도 부동소수점 변수

이 중에서 reg 자료형이 가장 많이 사용된다. reg는 값을 저장하는데 사용되지만 반드시 플립플롭으로 구성된 레지스터에 저장되는 것은 아니다. SystemVerilog에서는 이러한 레지스터와의 혼돈을 피하기 위해서 자료형으로 **logic**을 사용한다.

net이나 reg을 벡터로 선언하는 형식은 다음과 같다.

```
<data_type> [<range1>:<range2>] <identifier>
```

<range1>에서 <range2> 범위의 선 폭을 갖는 벡터 신호 <identifier>가 선언된다. 예로 들어 'reg [7:0] bus'로 선언하면 8비트 bus 신호의 가장 왼쪽이 **MSB(most significant bit)**이고 가장 오른쪽이 **LSB(least significant bit)**가 된다. 만약 'reg [0:7] bus'라고 선언하면 반대로 가장 오른쪽이 MSB이고 가장 왼쪽이 LSB이다. 단일 할당문으로 값을 받을 수 있다.

2차원 배열(two-dimensional array)로 나타낼 때는 다음과 같은 형식으로 나타낸다.

```
<data_type> <identifier> [<range11>:<range12>] [<range21>:<range22>]
```

벡터(vector)의 2차원 배열은 다음과 같이 나타낸다.

```
<data_type> [<range1>:<range2>] <identifier>
  [<range11>:<range12>] [<range21>:<range22>]
```

배열 전체나 일부분은 단일 할당에 의해서 값을 받을 수 없으며 수식에서 사용될 수 없다. ROM(read-only memory), RAM(random access memory), 및 **레지스터 파일(register file)**을 모델링할 때 사용된다.

3.5 문자열(String)

문자열(string)은 더블 인용 문자 (")로 둘러 싸여 있는 한 줄에 담긴 일련의 문자들이다. 각 문자는 **ASCII(American standard code for information interchange) 코드**로 표현된다. 문자열을 저장하기 위해서 문자열과 같거나 더 긴 register를 선언하여 저장하여야 한다. 문자열의 끝을 나타내는 종료 문자는 사용되지 않는다. 여기서도 자리 수가 남으면 0으로 채워 확장된다. 문자열 내에 다음과 같은 특수 문자들이 있을 수 있다. **도피열(escape sequence)**로 나타낸다.

문자	뜻
\n	새줄 (newline) 문자
\t	탭 (tab) 문자
\\	백슬래시 (\) 문자
\“	더블 인용 문자 (“)
\ddd	세 자리의 8진수로 나타내어지는 ASCII 문자
%%	% 문자

다음은 문자열을 사용하는 예이다. 여기서 문자열 내에 있는 **%s**는 register 자료형인 string에 있는 문자열로 치환하라는 뜻이다. 이 외에 register 자료형에 대해서 **%b**는 이진수를, **%o**는 8진수를, **%d**는 십진수를, **%h**는 16진수를 문자열로 변환하여 치환하라는 뜻이다. 실수에 대하여서는 **%f**는 10진 **고정 소숫점 표기(fixed-point notation)**로, **%e**는 **과학적 표기(scientific notation)**로, 그리고 **%g**는 이들 둘 중에 짧은 형식으로 문자열로 변환하라는 뜻이다. **%t**는 시뮬레이션 시간(simulation time)을 넘겨주는 시스템 함수 **$time** (정수 시간을 넘겨준다) 또는 **$realtime** (실수 시간을 넘겨준다)의 결과를 문자열로 변환하라는 뜻이다. 이외 **%m**은 현재의 모듈명(module name)을 문자열로 변환하라는 뜻이다.

```
module string_example()
// Declare 17 bytes to store a string.
reg [8*17:0] string;

initial begin
  string = “an example string”;
  $display(“%s\n”, string);
end

endmodule
```

3.6 상수(Constant) 선언하기

회로의 비트 크기 또는 지연 값 등과 같이 자주 사용하는 **상수(constant)**를 정의하기 위해 **parameter**을 사용해서 정의한다. 자료형도 정의할 수 있다. 자료형과 범위 지정을 가질 수 있는데 범위가 지정되지 않으면 상수값에 적합한 크기의 비트 폭을 디폴트로 갖는다. 이것의 사용 예를 다음에 보인다.

```
parameter msb = 7; //declared as an integer parameter
parameter byte_size = 8;
parameter r = 5.7; // declared as a real parameter
parameter signed [3:0] mux_selector = 0;
parameter [31:0] dec_const = 1'b1; // This value is converted to 32 bits
parameter real r1 = 3.5e17;
parameter new_const = 2'h4; // Implied range is [2:0]
parameter type T = int; // T means data type int
```

defparam이나 **모듈 가져오기(instantiation)**의 파라미터 **뒤엎기(override)**에 의해서 상수 값을 변경시킬 수 있다. defparam 방법은 권장되지 않는다. 다음은 상수의 뒤엎기를 보여주는 코드이다. 첫 번째 mod_xnor는 size가 8이고 delay가 15인 반면 두 번째 mod_xnor는 뒤엎기에 의해서 size가 4이고 delay는 3이다.

```
module mod_xnor(y, a, b);
parameter size = 8, delay = 15;
output [size-1:0] y;
input [size-1:0] a, b;

wire [size-1:0] #delay y = a ~^ b;

endmodule

module param;
wire [7:0] y1;
wire [3:0] y2;
reg [7:0] a1, b1;
reg [7:0] a2, b2;

mod_xnor G1 (y2, a1, b1); // Use default parameters
mod_xnor #(4, 3) G2 (y2, a2, b2); // Overrides default parameters

endmodule
```

3.7 모듈(Module)

모듈(module)은 Verilog 설계들의 기본 요소(building block)이다. 다른 모듈에서 이 모듈을 가져와서(instantiate) **구조적 설계(hierarchical design)**를 할 수 있다. 모듈 가져오기는 더 높은 수준의 다른 모듈에서 이를 사용한다는 뜻이다.

다음은 Top 모듈은 Dev1과 Dev2라는 두 개의 모듈을 가져왔다. 그리고 Dev1은 SubDev1과 SubDev2를 가져왔다. Dev2는 SubDev3을 가져왔다. 이러한 계층적 설계를 구조적 설계라고 한다. 모듈은 **module**로 시작해서 **endmodule**로 끝나야 한다.

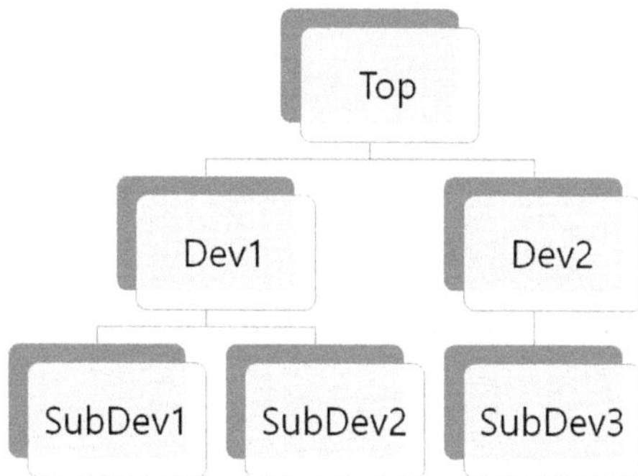

그림 3.3 구조적 설계 예

3.8 포트(Port)

포트(port)는 모듈과 외부 환경과의 통신을 위한 인터페이스를 제공한다. 계층적 설계에서 **최상위(top) 모듈**은 반드시 포트를 가진다. 포트는 위치나 이름에 의해서 관련되어진다. 포트에는 방향에 따라서 입력(input), 출력(output), 및 양방향(inout)를 가질 수 있다.

사용 예는 다음과 같다.

```
input [<range_val>: <range_var>] <list_of_identifiers>;
output [<range_val>: <range_var>] <list_of_identifiers>;
inout [<range_val>: <range_var>] <list_of_identifiers>;
```

이들을 사용하는 **반가산기(half adder)**의 실제 설계 예를 다음에 보였다.

```
module half_adder(a, b, c, s)
//     a
//   + b
// ------
//   c s

input a, b;
output c, s;
wire a, b, c, s;

assign {c, s} = a + b;

endmodule
```

위와 같이 모듈은 module-endmodule로 둘러싸여 있다. 모듈명은 half_adder이다. Verilog-1995 표준에서는 위와 같이 module half_adder(a, b, c, s)로 먼저 포트 신호들을 열거하고 입·출력 방향 및 자료형을 선언해야 했으나 **Verilog-2001 표준**에서는 module half_adder(input wire a, b, output wire c, s)같이 한 번에 선언해도 된다. 여기서 **assign**은 **연속적 할당(continuous assignment)**라고 하는데 net 자료형에 값을 부여할 때 사용된다. register 자료형에 부여할 때에는 assign이 필요하지 않다. 위에서 {c, s}는 각 한 비트 신호인 a와 b를 더하면 두 비트가 나오는데 LSB는 s에 부여하고 MSB는 c에 부여하여 **병합(concatenation)**된 두 비트 신호로 만들라는 병합(concatenation) 연산자를 의미한다.

inout를 사용하는 예를 아래의 코드에서 보였다. 한 선을 이용하여 데이터가 양방향으로 값이 갔다왔다 하기 위해서는 삼상태 버퍼처럼 데이터의 방향을 제어하는 선이 필요하다. 여기서는 sda_oe (ouput enable)이 이 역할을 담당한다. sda_oe이 1이면 m_clk이 들어올 때마다 하나씩 증가시킨 3비트 from_process의 LSB를 sda_buf에 저장하고 이것을 다시 sda 출력 포트로 내보낸다. sda_oe이 0이면 sda 입력 포트로부터 데이터를 받아들인다.

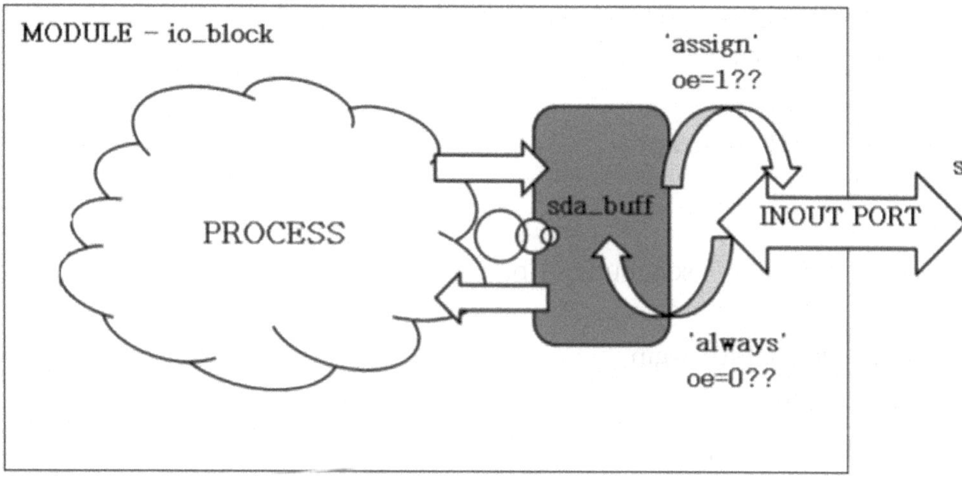

그림 3.4 inout를 사용하는 예

```
module io_block(sda_oe, sda, m_clk, m_rst);
reg [2:0] from_process;
inout sda;
input m_clk, m_rst, sda_oe;
reg sda_buff;

assign sda = (sda_oe) ? sda_buff : 1'bz;

always @(m_clk, m_rst) begin
    if (m_rst) begin
        sda_buff <= 0;
    end
    else begin
        if (sda_oe != 0)
            sda_buff <= from_process; //replace from_process
    end
end

always @(m_clk, m_rst) begin :process
    if (m_rst) begin
        from_process <= 0;
    end
    else begin
    if (sda_oe != 0)
        from_process <= from_process+1;
    end
end

endmodule
```

그리고 이를 테스트하는 테스트벤치 코드는 다음과 같다. inout로 선언된 sda는 테스트벤치에서 wire로 선언해야 한다.

```
module io_block_tb;

// Inputs
reg sda_oe; // 0: input mode, 1: output mode
reg m_clk;
reg m_rst;

reg sda_read_buff; //stores input to be forced

wire sda;

// Instantiate the Unit Under Test (UUT)
io_block dut(.sda_oe(sda_oe), .sda(sda), .m_clk(m_clk), .m_rst(m_rst));

//clock:
always
#2 m_clk = ~m_clk;

initial begin
   // Initialize Inputs
   sda_oe = 0; m_clk = 0; m_rst = 1;
   #5 m_rst = 0;
   sda_read_buff = 1; //acts as input
   #5 sda_read_buff = 0;
   #5 sda_read_buff = 1;
   #50 sda_oe = 1; //sda as an output
   #50 sda_oe =0; //sda as an input
   #100 sda_read_buff = 0;
end

assign sda = (sda_oe) ? 1'bz : sda_read_buff ; //get an input if sda_oe = 0

endmodule
```

3.9 모듈 가져오기(Instantiation)

이제 반가산기를 기본 요소로 **모듈 가져오기**(instantiation)를 해서 **전가산기**(full adder)를 설계하는 구조적 설계의 예를 보인다. 두 개의 반가산기와 한 개의 or 게이트로 전가산기를 구성할 수 있다. 이미 설계된 모듈을 가져오는(instantiate) 방법은 다음과 같이 **위치에 의한 연결**(positional association)를 하는 **내연적**(implicit) 방법과 **이름에 의한 연결**(named association)을 사용하는 **외연적**(explicit) 방법이 있다.

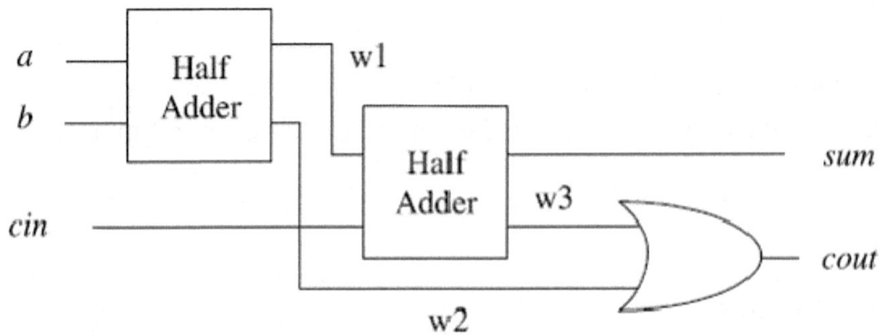

그림 3-5 두 개의 반가산기와 or 게이트를 사용하여 만든 전가산기

3.9.1 내연적 방법(포트 순서 즉 위치에 의해서 연결)

아래의 코드에서 u0, u1, 및 u2는 가져온 모듈에 이름을 부여한 것이다.

```
module full_adder_implicit(cin, a, b, cout, sum)
//      cin
//      a
//    + b
// ------
// cout s

input cin, a, b;
output cout, sum;
wire cin, a, b, cout, sum;
wire w1, w2, w3; //중간 wires

//half_adder에서 입력 순서 a, b, c, s
half_adder u0 (a, b, w2, w1);
half_adder u1 (w1, cin, w3, sum);
or u3 (cout, w2, w3);

endmodule
```

3.9.2 외연적 방법(이름에 의해서 연결)

전가산기를 외연적인 방법으로 설계하면 다음과 같다.

```
module full_adder_explicit(cin, a, b, cout, sum)
//      cin
//      a
// +    b
// ------
// cout s

input cin, a, b;
output cout, sum;
wire cin, a, b, cout, sum;
wire w1, w2, w3; //중간 wires

//half_adder에서 입력 순서 a, b, c, s
half_adder(.a(a), .b(b), .c(w2), .s(w1));
half_adder(.a(w1), .b(cin), .c(w3), .s(sum));
or(cout, w2, w3);

endmodule
```

위에서 .b(cin)의 의미는 반가산기의 b 포트에 전가산기 포트 cin을 연결하라는 뜻이다. 이름을 가지고 관련지었을 때는 그들이 나타나는 순서에 무관하다. 즉 c와 s의 위치를 바꾸어 half_adder(.a(w1), .b(cin), .s(sum), .c(w3))로 고쳐도 상관없다.

3.9.3 포트 연결 규칙

포트 연결(port connection)에는 다음의 규칙을 따라야 한다.

1. 입력(input)은 내부적으로 net 자료형이어야 하고 외부적으로 reg나 net 자료형에 연결된다.
2. 출력(output)은 내부적으로 reg나 net 자료형이고 외부적으로 net 자료형에 연결되어야 한다.
3. 양방향(inout)은 내부적으로 net 자료형이어야 하고 외부적으로 net 자료형에만 연결되어야 한다.

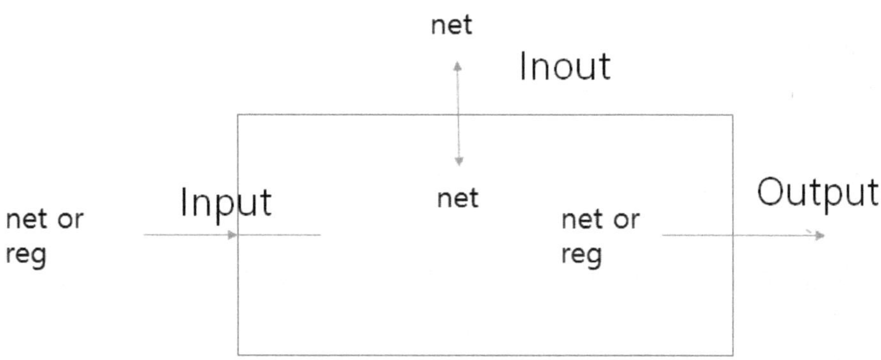

그림 3.6 포트 연결 규칙.

입·출력 신호들의 크기는 같아야 한다. 크기가 다르더라도 합성(synthesis) 툴이 오류를 보고하지 않는다. 포트 신호 위치에 비워두면 연결을 하지 않았다는 의미이다. 구조적 연결을 만들 때 net 자료형이 필요하다. 전가산기의 예에서 w1, w2, 및 w3가 이에 해당한다. 전가산기 예에서 half_adder(w1 cin, ,sum)나 half_adder(.a(w1), .b(cin), .c(), .s(sum))의 의미는 반가산기의 c에는 아무것도 연결 안했다는 의미이다.

3.10 테스트벤치(test bench)

설계된 모듈을 테스트하기 위하여 입력 신호들을 가해주어야 할 것이고 출력 신호들은 모니터나 오실로스코프 등을 통하여 살펴보아야 할 것이다. 이러한 것을 Verilog 시뮬레이션 툴이 지원해 주고 있다. 즉 Verilog 코드로 테스트하는 코드를 만들 수 있다. 이것을 테스트벤치라고 한다. 다음은 full_adder를 테스트하는 테스트벤치 코드이다. **테스트벤치(test bench)** 코드는 입출력을 내부에서 발생하므로 입출력 포트 신호가 필요없다. 테스트하는 모듈명 뒤에 _tb를 붙여 테스트벤치 코드라는 것을 알 수 있도록 하는 것이 관례이다. 테스트하는 모듈의 입력 신호에 값을 주어야 하기 때문에 모두 reg 자료형으로 선언해야 한다.

$finish 표준 함수는 시뮬레이션을 끝내고 운영체제에게 제어를 넘기도록 한다.

```
module full_adder_tb()

reg ci, a, b;
wire co, s;

full_adder u (ci, a, b, co, s);

initial begin
   $monitor("Time=%t CI=%b A=%b B=%b CO=%b S=%b", $time, ci, a, b, co, s);
   ci = 0;
   a = 0;           // ci=0, b=0, a=0
   b = 0;
   #5 a = 1;        // ci=0, b=0, a=1
   #5 b = 1;        // ci=0, b=1, a=1
   #5 a = 0;        // ci=0, b=1, a=0
   #5 ci =1, b = 0; // ci=1, a=0, b=0
   #5 a = 1;        // ci=1, b=0, a=1
   #5 b = 1;        // ci=1, b=1, a=1
   #5 a = 0;        // ci=1, b=1, a=0
   #5 $finish;
end

endmodule
```

3.11 구조적(Structural) 식별자

구조적 설계(structural design)를 했을 때 각 모듈 내의 변수를 보고 싶을 때가 있을 것이다. 예를 들어서 full_adder 모듈에서 기본 요소로 가져온 half_adder u0 모듈 내의 변수 c를 보고 싶은 경우가 있을 것이다. 그러면 full_adder_tb.u.u0.c와 같이 계층적으로 접근할 수 있다. 위와 같이 이름 간에 마침표 (.)로 구분하여 표현된다. 위의 코드로 half_adder u0의 신호를 보고 싶다면 다음과 같이 작성하면 된다.

```
module full_adder_tb()

reg ci, a, b;
wire co, s;

full_adder u (ci, a, b, co, s);

initial begin
    $monitor("Time=%t A=%b", $time, full_adder_tb.u.u0.a);
    ci = 0;
    a = 0;              // ci=0, b=0, a=0
    b = 0;
    #5 a = 1;           // ci=0, b=0, a=1
    #5 b = 1;           // ci=0, b=1, a=1
    #5 a = 0;           // ci=0, b=1, a=0
    #5 ci =1, b = 0; // ci=1, a=0, b=0
    #5 a = 1;          // ci=1, b=0, a=1
    #5 b = 1;          // ci=1, b=1, a=1
    #5 a = 0;          // ci=1, b=1, a=0
    #5 $finish;
end

endmodule
```

연습문제

1. Verilog에서 한 비트에 줄 수 있는 4개의 값으로 무엇이 있는가?

2. 주석문을 주는 2가지 방법을 설명하라.

3. _data12_, $data, 38$data, data_123$ad 각각이 사용할 수 있는 식별자인가?

4. 8'bz1, 8'hfe, 8'bx4, 0을 2진수로 표기해보라.

5. 넷 자료형으로는 무엇이 있는가?

6. 레지스터 자료형으로 무엇이 있는가?

7. 256 바이트 메모리 ram을 Verilog로 선언해보라.

8. 다음 코드를 해석해보라.

```
module my_module (Clk, D, Q);
parameter width = 2, delay = 10;
input [width - 1 : 0] D;
input Clk ;
output [width: 0] Q;

assign #delay Q = D;

endmodule

module top;
reg Clk;
reg [7:0] D;
wire [7:0] Q;
my_module inst_1 (Clk, D, Q);

endmodule

module override;
defparam top.inst_1.width = 7;

endmodule
```

9. 다음 코드를 해석해보라.

```
module my_module (Clk, D, Q);
parameter width = 2, delay = 10;
input [width - 1 : 0] D;
input Clk ;
output [width: 0] Q;

assign #delay Q = D;

endmodule

module top;
reg Clk;
reg [7:0] D;
wire [7:0] Q;

my_module #(7, 25) inst_1(Clk, D, Q);

endmodule
```

10. 8'd-6와 -8'd6중 어느 것이 바른가? 그리고 이것의 의미는?

11. -4'sd15는 무엇을 나타내는가?

4

CHAPTER

Verilog 연산자(Operators)

학습목표

- Verilog 연산자들에 대해서 공부한다
- 비트에 관한 연산자를 설명한다
- 관계 연산자를 설명한다
- 논리 연산자를 설명한다
- 산술 연산자를 설명한다
- 축소(reduction) 연산자를 설명한다
- 이동 연산자를 설명한다
- 병합(concatenation) 연산자를 설명한다
- 반복 연산자를 설명한다
- 조건 연산자를 설명한다
- 연산의 우선 순위를 설명한다

하드웨어를 다루는 연산자를 공부한다.

4.1 비트에 관한 연산자(Bitwise Operator)

각 비트에 대해서 각각 연산이 가해지기 때문에 **비트에 관한 연산자(bitwise operator)** 라고 한다. 각각의 논리 기능을 하는 게이트로 합성된다. 두 피연산자의 비트 길이가 다를 때는 긴쪽으로 맞추어 짧은 길이의 피연산자를 확장 시킨 후 연산을 한다.

함수	연산자
NOT	~
AND	&
OR	|
XOR	^
XNOR	~^ 혹은 ^~

```
wire [3:0] a, b, c;
wire [3:0] d_and, e_and, d_or, e_or, d_xor, e_xor;
assign a = 4'b1010;
assign b = 4'b1100;
assign c = 4'bxzxz;
assign d_and = a & b;
assign e_and = b & c;
assign d_or = a | b;
assign e_or = b & c;
assign d_xor = a ^ b;
assign e_xor = b ^ c;
```

위 프로그램을 실행하였을 때 d_and=4'b1000, e_and=4'bxx00이 된다. 즉 1과 x나 z와 1비트 단위로 and하면 x가 되고 0과 x나 z와 and하면 모두 0이 되기 때문이다. 그리고 d_or=4'b1110, e_or=4'b00xx가 된다 왜냐하면 1과 x나 z와 1비트 단위로 or하면 1이 되고

0과 x나 z와 or하면 모두 x가 되기 때문이다. 마지막으로 d_xor=4'b0110, e_xor=4'bxxxx가 된다. 왜냐하면 1이나 0이 x나 z와 xor하면 모두 x이기 때문이다.

자세한 사항은 다음의 연산 규칙을 참조하라.

4.2 관계(Relational) 연산자

관계 연산자(relational operator)의 연산 결과가 사실이면 1'b1이고 거짓이면 1'b0이 된다. 마지막 2가지 경우를 제외하고 피연산자 어느 하나가 x나 z를 가질 때 연산 결과는 1'bx가 된다.

함수	연산자
a가 b보다 작다	a < b
a가 b보다 작거나 같다	a <= b
a가 b보다 크다	a > b
a가 b보다 크거나 같다	a >= b
a와 b가 같다	a == b
a와 b가 같지 않다	a != b
a와 b가 같다 (x와 z를 포함하여 비교)	a === b
a와 b가 같지 않다 (x와 z를 포함하여 비교)	a !== b

4.3 논리(Logical) 연산자

논리 연산자(logical operator)는 논리 조건을 표현하는데 사용된다. 1'b0와 1'b1로 표현되고 x나 z를 포함한 연산 결과는 1'bx가 된다. 논리 연산 결과가 참이면 1이고 거짓이면 0이다.

함수	연산자
OR	||
AND	&&
NOT	!

4.4 산술(Arithmetic) 연산자

이항 산술 연산자(binary arithmetic operator)는 +(더하기), -(빼기), *(곱하기), /(나누기), 및 **%(모듈러스)**가 있고 **단항(unary)** 산술 연산자는 부호를 나타내는데 사용되는 +와 -가 있다. 정수 나눗셈은 소수점 이하 자리를 잘라 버린다. 모듈러스 연산자는 두 수의 나눗셈을 한 뒤 나머지를 취하는데 왼쪽 피연산자의 부호를 취한다. 예를 들어 10 / -5의 결과는 -2이고 10% -5의 결과는 0이다. 그리고 10% 3의 결과는 1이고 -10% 3의 결과는 -1이다.

4.5 축소(Reduction) 연산자

축소 연산자(reduction operator)는 단항 연산자이다. 한 개의 피연산자에 작용하여 한 비트의 결과를 생성한다. 단항 NAND나 NOR의 축소 연산자는 AND나 OR 연산을 행한 후 결과에 NOT 연산을 행한다. 예를 들어 &4'b1001의 결과는 0이고 ~&4'b1001의 결과는 AND 축소 연산 후에 NOT를 취하므로 1이 된다.

<table>
<tr><th>함수</th><th>연산자</th></tr>
<tr><td>AND</td><td>&</td></tr>
<tr><td>NAND</td><td>~&</td></tr>
<tr><td>OR</td><td>!</td></tr>
<tr><td>NOR</td><td>~|</td></tr>
<tr><td>XOR</td><td>^</td></tr>
<tr><td>XNOR</td><td>~^ 혹은 ^~</td></tr>
</table>

4.6 이동(Shift) 연산자

이동 연산자(shift operator)는 왼쪽 피연산자에 오른쪽 피연산자에 나오는 값만큼의 비트를 이동시킨다. 비워진 비트 위치에는 **논리적 이동**(logical shift)일 때는 0으로 채워지고 **산술적 이동**(arithmetic shift)일 때는 왼쪽 방향 이동일 때와 마찬가지로 비워진 비트 위치에 0으로 채워지나 오른쪽 방향일 때는 MSB의 값으로 채워진다.

연산자	의미
x<<1	왼쪽으로 논리적으로 한 비트 이동
x>>1	오른쪽으로 논리적으로 한 비트 이동
x<<<1	왼쪽으로 산술적으로 한 비트 이동
x>>>1	오른쪽으로 산술적으로 한 비트 이동

4.7 병합(Concatenation) 연산자

병합 연산자(concatenation operator)는 여는 중괄호 ({)로 시작해서 피연산자들 쉼표로 분리하고 마지막에 닫는 중괄호 (})로 닫는다. 내부에 있는 내용들을 병합하는 것이다. 예로 들어 피연산자인 4비트와 2비트를 병합하는 {4'b1100, 2'b01}는 병합하여 6비트인 6'b11_0001가 된다. 크기가 없는 숫자는 피연산자로 사용할 수 없다.

4.8 반복(Replication) 연산자

반복 연산자(replication operator)는 피연산자의 비트들을 반복하기 위해 사용한다. 예로 들어 {3{c, d}}는 {c, d}를 세 번 반복하여 {c, d, c, d, c, d}가 된다.

4.9 조건(Conditional) 연산자

조건 연산자(conditional operator)는 C언어에 있는 연산자를 그대로 차용하여 왔다. 사용 예는 다음과 같다.

<identifier> = (<condition>)?<expression1>:<expression2>

예를 들어 assign out = (enable)? in : 1'bz는 3상태 버퍼를 모델링 할 수 있다. enable이 참이면 in이 out을 구동하고 enable이 거짓이면 고저항 상태 값이 out에 나온다.

4.10 연산자의 우선 순위(Priority)

연산자의 **우선 순위(precedence)**는 다음과 같다.

<table>
<tr><th>연산의 우선순위</th><th>기호</th></tr>
<tr><td>단항 연산자; 곱하기, 나누기, 모듈러스</td><td>+, −, !, ~; *, /, %</td></tr>
<tr><td>더하기, 빼기; 이동</td><td>+. −; 〈〈, 〉〉, 〈〈〈, 〉〉〉</td></tr>
<tr><td>관계 연산자</td><td>〈, 〉, 〈=, 〉=, ==, !=, ===, !===</td></tr>
<tr><td>축소 연산자</td><td>&, ~&, |, ~|, ^, ~^</td></tr>
<tr><td>논리 연산자</td><td>&&, ||</td></tr>
<tr><td>조건 연산자</td><td>?:</td></tr>
</table>

연습문제

1. a = 1'b1, b = 2'b00, c = 2'b10 및 d = 3'b110라고 할 때 y = { 4{a} }, y = { 4{a}, 2{b} }, y = { 4{a}, 2{b}, c }의 계산 결과는?

2. x = 4'b1010 라고 할 때 &x, |x, 및 ^x의 계산 결과는?

3. x = 4'b1010, y = 4'b0000라고 할 때 x | y 와 x || y 의 계산 결과는?

4. a = 4, b = 3, x = 4'b1010, y = 4'b1101, z = 4'b1xxx라고 할 때 a 〈= b, a 〉 b, y 〉= x, 및 y 〈 z 계산 결과는?

5. e**f는 Verilog-2001 표준에 새로 추가된 ef 멱승 (e의 f 승)을 의미한다. a = 4'b0011, b = 4'b0100, d = 6, e = 4, 및 f = 2라고 할 때 a + b, b - a, a * b, d / e, 및 e ** f 의 실행 결과는?

6. a = 3과 b = 0을 가정하고 (a && b), (b || a), (!a), 및 (!b)의 계산 결과는?

7. a = 2'b0x와 b = 2'b10를 가정하고 (a && b)와 (a == 2) && (b == 3)의 실행 결과는?

8. a = 4, b = 3, x = 4'b1010, y = 4'b1101, z = 4'b1xxz, m = 4'b1xxz, 및 n = 4'b1xxx을 가정하고 a == b, x != y, x == z, z === m, z === n, 및 m !== n의 계산 결과는?

9. x = 4'b1100라고 할 때 y = x >> 1, y = x << 1, 및 y = x << 2의 실행 결과는?

10. a = 1'b1, b = 2'b00, c = 2'b10, 및 d = 3'b110라고 가정할 때 y = {b, c}, y = {a, b, c, d, 3'b001}, 및 y = {a, b[0], c[1]}의 실행 결과는?

11.

```
module buff_8 (input [7:0] d_in, input en_n, output [7:0] d_out);

assign d_out = ~en_n ? d_in : 8'bz;

endmodule
```

12. 12% 3, -12% 3, 12% -3, 및 -12 % -3의 계산 결과는?

5
CHAPTER

Verilog-2001 표준에서 새로운 것

학습목표

- Verilog-2001 표준에서 새로 추가된 사항을 공부한다

Verilog-2001 표준의 대부분의 새로운 기능들은 다른 언어들로부터 가져왔다. generate, 구성, 및 파일 연산은 VHDL로부터 가져왔다. 새로운 기능들을 기술한다.

우선 변수 선언과 초기 값 할당을 나누어서 했던 불편을 'reg clock = 0'와 같이 변수 선언과 동시에 초기 값을 줄 수 있게 되었다.

아래의 코드에서 재귀적 함수의 예를 보이고 있는데 Verilog-2001 표준은 **재진입(reentrant) 태스크**나 **재귀적(recursive) 함수**를 지원하도록 automatic을 넣을 수 있다. 즉 팩토리얼을 계산하는 재귀적 함수는 function automatic integer factorial_calc(input [31:0] num)와 같이 작성할 수 있다.

```
module fact_calc(num, factorial);
input [31:0] num;
output integer factorial;

function automatic integer factorial_func;
input [31:0] n;
if (n>=2)
   factorial_func = factorial_func(n-1) * n;
else
   factorial_func = 1;
endfunction

always @(num)
   factorial = factorial_func(num);

endmodule
```

Verilog-1995 표준에서 모듈에서 정의된 상수 값을 뒤엎는 (override) 다음의 두 가지 방법을 제공했다. 아래는 my_chip 모듈밖에서 ram 내에 상수를 선언. 그러면 이들 상수는 ram내에 국부적 (local)이다. 그러면 my-chip에서 ram내에 선언된 상수인 WIDTH와 SIZE를 사용하려면 'ram1.SIZE'와 같이 구조적 식별자로 계층적으로 접근할 수 있다.

```
module ram (...);
parameter WIDTH = 8; parameter SIZE = 256;
...

endmodule


module my_chip (...);
ram ram1 (...);
defparam ram1.SIZE = 1023; //Explicit parameter redefinition by name
ram #(8, 1023) ram2 (...);
// error-prone - Implicit parameter redefinition by position
...

endmodule
```

이것 대신 모듈 내에 상수를 선언할 수 있다. 그렇지만 두 가지 방법을 섞으면 상수의 뒤엎음(override)이 안되니 조심하기 바란다.

```
module  #(parameter WIDTH = 8, SIZE = 256) ram (...);

...

endmodule


module my_chip (...);
ram ram1 (...);
defparam ram1.SIZE = 1023; //Explicit parameter redefinition by name
ram #(8, 1023) ram2 (...);
// error-prone - Implicit parameter redefinition by position

...

endmodule
```

다음과 같이 Verilog-2001 표준에서는 상수를 순서에 상관없이 바꿀 수 있는 세 번째 방법을 제공한다. 즉, 다음과 같다. 이름을 가진 관련이기 때문에 순서가 달라도 된다. 즉 'ram #(.SIZE(1023), .WIDTH(10)) ram2' 같이 SIZE와 WIDTH 순서에 무관하게 선언해도 무방하다. 아래의 예제처럼 'ram #(.SIZE(1023)) ram2'은 SIZE만 1023으로 변경하고 WIDTH는 default 값인 8을 그대로 사용한다는 뜻이다.

```
module ram (...);
parameter WIDTH = 8; parameter SIZE = 256;

...

endmodule


module my_chip (...);
ram ram1 (...);
//In-line explicit parameter redefinition
ram #(.SIZE(1023)) ram2 (...);

...

endmodule
```

always 절차를 이용하여 조합 논리를 구현할 때 감지 목록(sensitivity list)은 논리 블록에서 사용되는 모든 입력 신호들을 포함해야 한다. Verilog-2001 표준에서 **@*** 또는 **@(*)**의 만능 패(wild card)를 제공한다. 합성 툴이나 시뮬레이션 툴이 자동적으로 할당문의 우변에 있는 식들이나 조건들을 이용하여 감지 목록에 포함될 신호를 찾아내어 자동적으로 열거해주는 기능이다. 아래의 예에서는 always @(sel or a or b)로 자동적으로 열거해 준다. 또한 Verilog-2001 표준에서 감지 목록에서 or 대신에 콤마 (,)를 사용해도 무방하다. 즉 always @(sel, a, b)로 쓸 수 있다.

```
always @*     //combinational logic sensitivity list
  if (sel)    // sel input included automatically into sensitivity list
     y = a; // a input included automatically into list
  else
     y = b; // b input included automatically into list
```

Verilog-1995 표준에서는 자료형을 선언하지 않으면 자동적으로 한 비트의 net으로 선언된 것으로 처리된다. Verilog-2001 표준에서는 폭은 자동적으로 조절된다. 그리고 **`default net-type none**을 코드에 넣으면 디폴트 자료형을 사용하지 않게 되어 선언 안 된 변수들을 검출할 수 있다.

Verilog-2001 표준에서 **부호가진(signed) 연산**을 지원하도록 다음이 추가되었다.

1. register와 net 자료형은 signed라고 선언될 수 있다.
2. 함수의 되돌려 주는 값이 signed라고 선언될 수 있다.
3. 정수는 어떤 진법에서도 signed로 선언될 수 있다.
4. 피연산자는 부호없는 수로부터 부호있는 수로 변환될 수 있다.
5. 산술적 이동이 추가되었다.

사용 예는 다음과 같다. 'reg signed [63:0] data'는 64비트의 부호가진 reg 자료형 신호 data를 선언한다. 16'shc501는 부호있는 16진수 c501을 의미하고 2의 보수로 표현된다.

Verilog-2001 표준은 한 문장으로 선언을 가능하게 하고 있다. 즉 'output reg [7:0] y'로 쓸 수 있다. 그리고 변수가 선언될 때 초기 값을 줄 수 있도록 했다. 즉 'reg clock = 0'이 가능하다.

Verilog-2001 표준에서 **멱(power) 연산자 ****가 추가되었다.

2차원 이상의 다차원 배열이 지원되고 **부분 선택(part select)**도 가능하다. 다음에 그 예를 보인다.

```
// 3-dimensional array of 8-bit wire nets
// new for Verilog-2001
wire [7:0] array3 [0:255][0:255][0:15];
wire [7:0] out3 = array3[0][1][2];

/* Bit and part selects within arrays.
   select the high-order byte of one word in a 2-dimensional array of 32-bit
   reg variables
   (new for Verilog-2001) */
reg  [31:0] array2 [0:255][0:15];
wire [ 7:0] out2 = array2[100][7][31:24];
```

Verilog-1995 표준에서는 각 시뮬레이터가 자신의 난수 발생기 함수 $random를 구현해야 했지만 Verilog-2001 표준에서는 표준화되어서 시뮬레이터간의 불일치가 해소되었다.

마지막으로 **generate 문**이 새로 추가되었다. **generate-endgenerate**로 묶는다. 이것을 사용한 예를 아래의 코드에서 보인다. 두 피연산자중 하나라도 비트 수가 8보다 작으면 a_multiplier를 부품으로 가져오고, 그렇지 않으면 b_multiplier를 부품으로 가져와서 곱하기 회로를 구성하도록 코드를 생성한다.

```
module multiplier (a, b, product);
parameter a_width = 8, b_width = 8;
localparam product_width = a_width + b_width;
input [a_width-1:0] a;
input [b_width-1:0] b;
output [product_width-1:0] product;

generate
    if((a_width < 8) || (b_width < 8))
        a_multiplier #(a_width, b_width) u1 (a, b, product);
    else
        b_multiplier #(a_width, b_width) u1 (a, b, product);
endgenerate

endmodule
```

generate를 사용하는 다른 예를 다음에 보였다. 여기에서 for 반복문 begin 옆의 addbit는 반복문에 레이블을 붙인 것이다. 반복문을 탈출할 때 사용할 수 있다.

```
module Nbit_adder (co, sum, a, b, ci);
parameter SIZE = 4;
output [SIZE-1:0] sum;
output co;
input [SIZE-1:0] a, b;
input ci;
wire [SIZE:0] c;
genvar i;

assign c[0] = ci;
assign co = c[SIZE];

generate
  for(i=0; i<SIZE; i=i+1) begin: addbit
    wire n1, n2, n3; // internal nets
    xor g1 (n1, a[i], b[i]);
    xor g2 (sum[i], n1, c[i]);
    and g3 (n2, a[i], b[i]);
    and g4 (n3, n1, c[i]);
    or g5 (c[i+1], n2, n3);
  end
endgenerate

endmodule
```

설계관리를 시뮬레이션 툴에게만 맡기다 보니 툴간에 호환성 문제가 생겨 Verilog-2001 표준에서는 **구성(configuration) 문**으로 해결하고 있다. 구성 문은 module 밖에서 선언되어야 한다. **config**로 시작해서 **endconfig**로 끝낸다. 사이에 **design, instance, cell, use,** 및 **liblist**가 올 수 있다. 다음 예는 설계하려는 설계가 다음과 같다고 가정하자.

```
module test;
...
myChip dut (...); // instance of design
...
endmodule

module myChip(...);
...
adder a1 (...);
adder a2 (...);
...
endmodule
```

구성 블록의 예를 보여 준다. 모든 설계는 RTL 라이브러리로부터 컴파일되므로 'adder a1'은 RTL 라이브러리로부터 컴파일되고, 'adder a2'는 명시된 게이트 수준 라이브러리로부터 컴파일된다는 것을 명시한다.

```
// define a name for this configuration
config cfg4
   // specify where to find top level modules
   design rtlLib.top
   // set the default search order for finding instantiated modules
   default liblist rtlLib gateLib;
   /* explicitly specify which library to use
      for the following module instance */
   instance test.dut.a2 liblist gateLib;
endconfig
```

그리고 Verilog-1995 표준에서는 파일 입·출력이 hex 파일을 $readmemh로 메모리 배열로 읽는 것과 $fdisplay와 $fmonitor을 이용하여 파일로 출력하는 것으로만 제한되었는데 Verilog-2001 표준에서 다음과 같은 연산이 허용된다.

1. EOF (end of file)을 체크하는 고급언어 C와 같은 연산 **$feof**(<file_handle>).
2. 고정된 위치에서 파일로부터 문자들을 읽기
3. 파일내의 형식을 가진 줄 쓰기
4. 파일로 형식을 가진 줄 쓰기
5. **$fgetc**로 한 번에 한 문자 읽기
6. **$fgets**로 한 번에 한 줄 읽기
7. **$fscanf**로 형식을 가진 데이터 읽기
8. **$fread**로 이진화 (binary) 데이터 읽기

이것들을 사용하는 예를 아래에 보인다.

```
module fileio_example;
integer in, out, mon;
reg clk;
reg enable;
wire valid;
reg [31:0] din;
reg [31:0] exp;
wire [31:0] dout;
integer statusI, statusO;

dut dut (clk, enable, din, dout, valid);

initial begin
   clk = 0;
   enable  = 0;
   din = 0;
   exp = 0;
```

```
    in  = $fopen("input.txt", "r");
    out = $fopen("output.txt", "r");
    mon = $fopen("monitor.txt", "w");
end

always  #1 clk = ~clk;

// DUT input driver code
initial begin
    repeat (10) @ (posedge clk);
    while ( !$feof(in)) begin
        @ (negedge clk);
        enable = 1;
        statusI = $fscanf(in, "%h %h\n", din[31:16], din[15:0]);
        @ (negedge clk);
        enable = 0;
    end
    repeat (10) @ (posedge clk);
    $fclose(in);
    $fclose(out);
    $fclose(mon);
    #100 $finish;
end
```

```
// DUT output monitor and compare logic
always @ (posedge clk)
if (valid) begin
   $fwrite(mon,"%h %h\n", dout[31:16], dout[15:0]);
   statusO = $fscanf(out,"%h %h\n", exp[31:16], exp[15:0]);
   if (dout  !== exp) begin
      $display("%0dns Error : input and output does not match", $time);
      $display("        Got  %h", dout);
      $display("        Exp  %h", exp);
   end
   else begin
      $display("%0dns Match : input and output match", $time);
      $display("        Got  %h", dout);
      $display("        Exp  %h", exp);
   end
end

endmodule

// DUT model
module dut(
   input wire clk, enable,
   input wire [31:0] din,
   output reg [31:0] dout,
   output reg valid
);

always @ (posedge clk) begin
   dout  <= din + 1;
   valid  <= enable;
end

endmodule
```

Verilog-2001 표준 후에 조금 수정된 Verilog-2005 표준이 나왔는데 그 때까지 Verilog 확장판인 SystemVerilog가 있었으나 표준이 아니었다. Verilog-2005 표준에 중요한 내용은 uwire 자료형이 추가되었다. wire와 **uwire(unresolved wire)**의 차이점은 wire는 여러 구동기(driver) 연결에 사용되고 uwire는 단 한 개의 구동기 연결에 사용된다는 것이다.

연습문제

1. 다음 코드에 따라 구현된 블록을 그려라.

```
module dflop(clk, in, out);
input clk, in;
output reg out;

always @(posedge clk)
    out <= in;

endmodule

module top(clk, out);
input clk;
reg [3:0] count = 0;
wire [8:0] path;
output out;

always @(posedge clk)
    count <= count + 1;

assign path[0] = count[3];
assign out = path[8];

genvar n;
generate
    for(n = 0; n <= 7; n = n + 1) begin: flops
        dflop u (.clk(clk), .in(path[n]), .out(path[n+1]));
    end
endgenerate

endmodule
```

6

CHAPTER

SystemVerilog 표준에서 새로운 것

6.1 정수 자료형

6.2 void와 null

6.3 압축 된 배열과 압축되지 않은 배열

6.4 배열 비트 선택 및 부분 선택 주소 지정

6.5 동적 배열, 연상 배열, 및 큐

6.6 구조체와 공용체

6.7 클래스(Class)

6.8 문자열(String)과 열거(Enumeration) 자료형

6.9 프로세스간 통신

6.10 인터페이스(Interface)

6.11 fork~join 문

6.12 program

6.13 표명(Assertion), 가정(Assume), 및 커버(Cover)

6.14 무작위화(Randomization)

학습목표

- SystemVerilog 표준에서 새로 추가된 사항을 공부한다

SystemVerilog 표준에서는 시뮬레이터의 실행시 메모리 사용을 개선하기 위해서 새로운 자료형들을 추가했고 기존의 자료형들을 개선시켰다. 다음과 같은 자료형들이 있다.

1. shortint와 longint
2. shortreal (real은 배정도 부동소숫점 실수로 Verilog에서 이미 정의되어 있음)
3. string과 chandle
4. logic, bit, 및 byte
5. 사용자가 자료형을 정의할 수 있도록 하는 typedef
6. struc, union, 및 class
7. void
8. null
9. 배열, 큐(queue), 연상(associative) 배열, 동적(dynamic) 배열

그리고 버스 시뮬레이션을 위하여 interface를 추가하였고 검증을 쉽게 하기 위한 표명(assertion)을 추가하였다. 또한 클래스에 있는 데이터들에 난수를 쉽게 발생시키는 무작위화(randomization)이 추가되었다.

6.1 정수 자료형

정수 자료형은 2상태(two-state) 자료와 4상태(four-state) 자료로 나눌 수 있다. 이상태는 0과 1만을 취할 수 있고 4상태는 0, 1, x, 및 z를 취할 수 있다. 2상태 변수를 사용할 시 적은 메모리를 사용하며 시뮬레이션 시 속도가 빠르다.

이상태 정수 자료형은 다음과 같다.

1. shortint: 16-bit 부호를 가진 정수
2. int: 32-bit 부호를 가진 정수(integer는 4상태 자료형이다)
3. longint: 64-bit 부호를 가진 정수

4. byte: 8-bit 부호를 가진 정수로 ASCII 문자를 저장하는데 사용될 수 있다.
5. bit: 0과 1의 한 비트를 저장하는 자료형

4상태 정수 자료형은 다음과 같다.

1. logic: 0, 1, x, 및 z의 한 비트를 저장하는 자료형
2. reg: 0, 1, x, 및 z의 한 비트를 저장하는 자료형(Verilog의 잔재로 SystemVerilog에서는 logic 사용)
3. integer: 32-bit 부호를 가진 정수
4. time: 64-비트 부호를 가지지 않은 정수로 정수 시간을 저장하는 자료형

정수 자료는 부호를 갖거나 갖지 않을 수 있으므로 연산의 결과가 변경될 수 있다. 따라서 연산을 수행할 시 자료형을 선언할 때 주의해야 한다. 기본적으로 byte, shortint, int, integer 및 longint는 기본적으로 부호를 가진 것으로 설정되고 bit, reg, logic, 및 wire는 부호를 가지지 않은 것으로 기본적으로 설정된다.

Verilog의 자료형이 SystemVerilog의 자료형이 다른데 다음과 같이 정의되었다.

net 자료형: <net-type> [<data-type>] <identifier>

변수 자료형: [var] <data-type> <identifier>

예를 들어 logic 자료형의 변수 a를 선언하려면 "var logic a"로 선언하거나 var는 보통 생략되고 "logic a"로 선언한다. net 자료형으로 선언하기 위해서는 <net-type> 자리에 Verilog 자료형으로 사용했던 wire, tri, wor, trior, wand, triand, supply0, supply1, pull0. pull1, triregreg 등이 올 수 있다. 예를 들어 logic 자료형의 변수가 아닌 wire a를 선언하려면 "wire logic a"로 선언하거나 자료형 logic는 보통 생략되고 "wire a"로 선언한다. 설계할 때 "logic a"로 선언하더라도 합성기에서 조합논리로 구현되면 "wire a"로 치환되므로 사용자는 net 자료형이던 변수 자료형이던 구애 받지 않고 "logic a"로 선언하면 충분하다.

6.2 void와 null

혼돈이 되는 개념인 void 및 null은 C 언어에서와 동일하다. void는 값을 반환하지 않는 함수에 사용된다. void는 자료형을 나타낸다. 'void *pointer = null'에서 기본적으로 pointer가 가리키는 자료형은 알 수 없다. null은 값을 나타내고 문자열을 빈 문자열과 비교하는 것과 같이 변수를 빈 값과 비교하는 데 사용된다.

6.3 압축 된 배열과 압축되지 않은 배열

압축된(packed) 배열은 다음으로 구성될 수 있다.

1. 한 비트 자료형(reg, logic, 및 bit)
2. 열거형 자료형
3. 재귀적으로 압축된 배열과 구조체

일차원 압축된 배열은 벡터(vector)라고 하며 범위를 가진 여러 비트 데이터 객체이다. 이에 반하여 스케일러(scalar)는 범위를 갖지않은 한 비트 데이터 객체이다. 압축된 배열은 연속적인 비트들의 집합으로 저장되도록 한다.

압축되지 않은(unpacked) 배열은 어떠한 자료형으로 구성될 수 있다. 연속적인 비트들의 집합으로 저장되는 것이 보장되지 아니한다.

다음 그림은 압축된 배열 'bit [2:0][7:0] array5'을 나타낸 것이다.

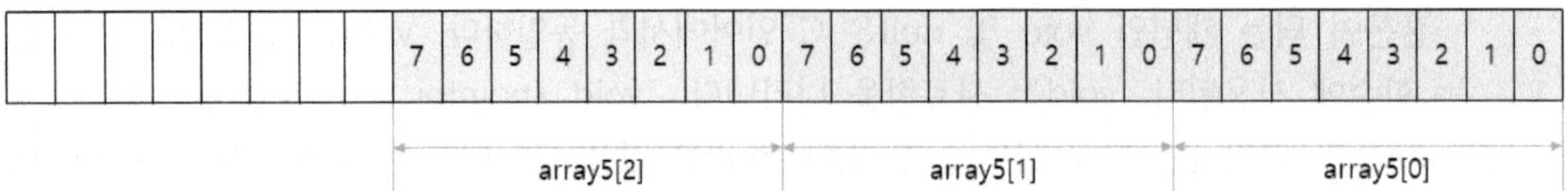

그림 6.1. 압축된 배열 예

다음 그림은 압축되지 않은 배열 'bit [7:0] array4[2:0]'을 나타낸 것이다.

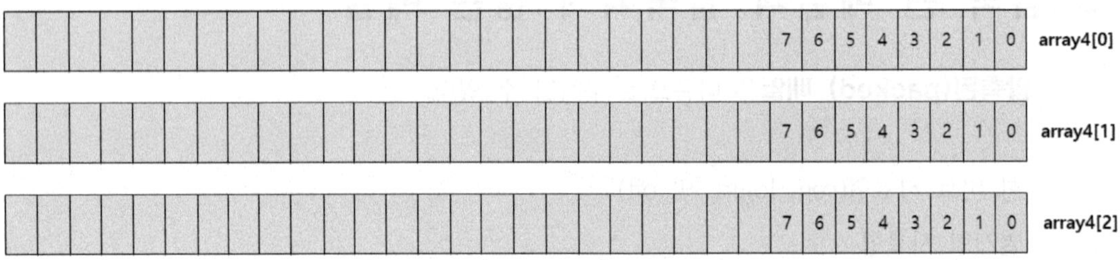

그림 6.2. 압축되지 않은 배열 예

with 절로 지정된 식을 기반으로 기존 배열의 특정 요소를 필터링하는 방법을 보인다. 지정된 식을 충족하는 모든 요소는 배열에 넣고 반환된다.

find(): 주어진 식을 충족하는 모든 요소를 반환

find_index(): 주어진 식을 충족하는 모든 요소의 지수들을 반환

find_first(): 주어진 식을 충족하는 첫 요소를 반환

find_first_index(): 주어진 식을 충족하는 첫 요소의 지수를 반환

find_last(): 주어진 식을 충족하는 마지막 요소를 반환

find_last_index(): 주어진 식을 충족하는 마지막 요소의 지수를 반환

이것의 사용 예를 보인다.

```
module tb;
  int array[9] = '{4, 7, 2, 5, 7, 1, 6, 3, 1};
  int res[$];

  initial begin
    res = array.find(x) with (x > 3);
    $display ("find(x)          : %p", res);

    res = array.find_index with (item == 4);
    $display ("find_index       : res[%0d] = 4", res[0]);

    res = array.find_first with (item < 5 & item >= 3);
    $display ("find_first       : %p", res);

    res = array.find_first_index(x) with (x > 5);
    $display ("find_first_index: %p", res);

    res = array.find_last with (item <= 7 & item > 3);
    $display ("find_last        : %p", res);

    res = array.find_last_index(x) with (x < 3);
    $display ("find_last_index : %p", res);
  end
endmodule
```

이것의 실행 결과는 다음과 같다.

```
find(x)          : '{4, 7, 5, 7, 6}
find_index       : res[0] = 4
find_first       : '{4}
find_first_index: '{1}
```

```
find_last       : '{6}
find_last_index : '{8}
```

6.4 배열 비트 선택 및 부분 선택 주소 지정

배열 비트 선택(array bit select) 및 부분 선택(part-select)으로 벡터의 주소를 지정하는 편리한 방법이 추가되었다. 'a_vect[0+:8]'은 지수(index)가 0에서 시작하여 증가시켜 8개 주소를 지정한다는 뜻이다. a_vect가 little-endian으로 선언되어 있기 때문에 'a_vect[7:0]'와 같다. 'b_vect[15-:8]'은 지수(index)가 15에서 시작하여 감소시켜 8개 주소 (즉 15-8+1 = 8)를 지정한다는 뜻이다. b_vect가 big-endian으로 선언되어 있기 때문에 'b_vect[8:15]'와 같다.

```
logic [31:0] a_vect;
logic [0:31] b_vect;
logic [63:0] dword;
integer sel;
a_vect[0+:8]     // == a_vect[7:0]
a_vect[15-:8]    // == a_vect[15:8]
b_vect[0+:8]     // == b_vect[0:7]
b_vect[15-:8]    // == b_vect[8:15]
dword[8*sel+:8] // variable part-select
```

예로 들어서 4개의 정수 성분을 가진 고정 크기의 일차원 배열 one을 초기화해보자.

```
int one[4];
foreach (one[i]) one[i] = i; // '{0, 1, 2, 3}
```

다차원 배열은 배열의 배열이라고 생각하는 게 좋다. 그래서 다음과 같은 이차원 배열은 각각 4개의 성분을 가진 세 개의 배열로 구성되어 있다.

```
int two[3][4];
```

배열 one을 세 개 복사해서 배열 two에 할당할 수 있다.

```
two = '{ 3 { one } };
$display("two = %p", two); // '{'{0, 1, 2, 3}, '{0, 1, 2, 3}, '{0, 1, 2, 3}}
```

여기서 형식문 내에 있는 **%p**는 **pretty print**하라는 뜻으로 데이터 형식에 맞춰 이쁘게 출력해준다. 패킹된 구조체(packed structure) 예를 하나 더 들면 다음과 같다.

```
typedef struct packed {
    logic bit1;
    logic [7:0] byte1;
} MyPackedStruct;
MyPackedStruct myPackedStruct;
$displayb("%p", myPackedStruct);
```

위 구문의 출력 결과는 다음과 같이 보기 좋게 나온다.

```
'{bit1: x, byte1: xxxxxxxx}
```

배열을 옮겨 다니는 방법으로 foreach 순환문을 사용하는 것이다. SystemVerilog에서 사용할 때 조심해야 한다. 별도의 대괄호로 묶인 지수 대신에 쉼표로 분리된 지수들의 리스트로 사용해야 한다. 다음에 사용 예를 보인다.

```
foreach (two[i, j]) // Not two[i][j]
  $display("two[%0d][%0d]=%0d", i, j, two[i][j]);
```

여기에 이것의 출력을 보인다. 가장 오른쪽의 지수가 먼저 변한다.

```
two[0][0]=0
two[0][1]=1
two[0][2]=2
two[0][3]=3
two[1][0]=0
two[1][1]=1
two[1][2]=2
two[1][3]=3
two[2][0]=0
two[2][1]=1
two[2][2]=2
two[2][3]=3
```

6.5 동적 배열, 연상 배열, 및 큐

동적 배열(dynamic array), **연상 배열(associative array)**, 및 **큐(queue)**의 예를 다음에 보였다. 동적 배열은 실행시에 배열의 크기를 변경할 수 있는 배열이다. 배열의 지수로 일반적인 배열에서는 정수밖에 사용 못했지만 연상 배열에서는 다양한 자료형을 사용할 수 있다.

```
int cmdline_elements; // # elements for dynamic array
int da[];             // dynamic array
int ai[int];          // associative array, indexed by int
int as[string];       // associative array, indexed by string
int qa[$];            // queue, indexed as an array, or by built-in methods

initial begin
    cmdline_elements = 16;
    da = new[cmdline_elements]; // Allocate array with 16 elements
end
```

6.6 구조체와 공용체

구조체(**structure**)와 **공용체(union)**의 예를 다음에 보였다. 구조체는 여러 자료형의 데이터를 그룹으로 저장할 수 있게 한다. 압축되지 않은 구성원(member)이 없으면 자동적으로 압축된 구조체가 만들어진다. 공용체는 한 번에 한 구성원만 값을 가질 수 있다.

```
union tagged {
    int i;
    real r;
} data;
data = tagged i 5; // when writing
d_out= data.i;     // when reading

typedef struct packed {
    bit [10:0]  expo;
    bit         sign;
    bit [51:0]  mant;
} FP;

FP zero = 64'b0;
```

6.7 클래스(Class)

SystemVerilog 프로그래밍의 주요 목적은 Verilog 프로그래밍 언어에 객체 지향을 추가하는 것이며 클래스(class)는 **객체 지향 프로그래밍(object-oriented programming: OOP)**을 지원하는 SystemVerilog의 핵심 기능이다.

클래스는 객체의 형태를 지정하는 데 사용되며 데이터 표현과 해당 데이터를 하나의 깔끔한 패키지로 조작하기 위한 방법(method)을 결합한다. 클래스 내의 데이터와 함수를 클래스의 구성원(member)라고 한다. 이렇게 하면 사용하는 데이터를 아무나 접근하지 못하도록 데이터를 숨길 수가 있고(data hiding) 또한 데이터와 이를 조작하는 방법들을 클래스 내에 같이 모아둘 수가 있다(encapsulation).

클래스를 정의할 때 자료형에 대한 청사진을 정의한다. 이것은 실제로 데이터를 정의하지는 않지만 클래스 이름이 의미하는 바, 즉 클래스의 객체가 구성되는 것과 그러한 객체에서 수행할 수 있는 작업을 정의한다. 예를 들어 다음과 같이 키워드 class를 사용하여 Box 자료형을 정의했다.

```
class Box;
  real length;
  real breadth;
  real height;
  function new(real length, breadth, height);
    this.length= length;
    this.breadth= breadth;
    this.height= height;
  endfunction
endclass
```

기본 유형의 변수를 선언하는 것과 똑같은 종류의 선언으로 클래스의 객체를 선언한다. 다음 문은 Box 클래스의 두 개체를 선언한다. Box1 및 Box2 개체는 모두 데이터 멤버의 자체 복사본을 갖는다.

```
Box Box1;  // declare Box1 of type Box
Box Box2;  // declare Box2 of type Box
```

클래스 개체의 공용 데이터 구성원은 직접 구성원 **접근(access) 연산자 (.)**를 사용하여 접근할 수 있다. 명확하게 하기 위해 다음 예제를 살펴보자.

```
class box;
  real length;
  real breadth;
  real height;
  function real volume;
      return(length*height*breadth);
  endfunction
endclass

module test;
box box1;
box box2;
real volume = 0.0;

initial begin
  box1.height = 5.0;
  box1.length = 6.0;
  box1.breadth = 7.0;

  box2.height = 10.0;
  box2.length = 12.0;
  box2.breadth = 13.0;

  $display("Volume of box 1 : %f", box1.volume());
  $display("Volume of box 2 : %f", box2.volume());
end
endmodule
```

국부(local) 및 보호된(protected) 구성원은 직접 구성원 접근 연산자를 사용하여 직접 접근할 수 없다는 점에 유의해야 한다.

객체 지향 프로그래밍에서 가장 중요한 개념 중 하나는 **상속(inheritance)**이다. 상속을 통해 다른 클래스의 관점에서 클래스를 정의 할 수 있으므로 응용 프로그램을 쉽게 만들고 유지 관리 할 수 있다. 또한 코드 기능을 재사용 할 수있는 기회와 빠른 구현 시간을 제공한다. 클래스를 만들 때 완전히 새로운 데이터 구성원과 구성원 함수를 작성하는 대신 새 클래스가 기존 클래스의 구성원들을 상속하도록 지정할 수 있다. 이 기존 클래스를 **기본(base)** 클래스라고하고 새 클래스를 **파생(derived)** 클래스 또는 **확장(extended)** 클래스라고 한다.

상속의 개념은 is a 관계를 구현한다. 예를 들어, 포유류 IS-A 동물, 개 IS-A 포유류이므로 개 IS-A 동물도 마찬가지이다.

상속 개념을 상용하는 예를 다음에 보였다. 'class Rectangle extends Shape'은 파생 클래스 Rectagle은 기본 클래스 Shape로부터 상속 받는다.

```
class Shape;
  void set_width(integer w);
    width = w;
  endfuction
  void set_height(integer h);
    height = h;
  endfunction
  protected integer width, height;
endclass

class Rectangle extends Shape;
  integer get_area();
    return(width*height);
  endfunction
endclass

module test;
rectangle rect;
initial begin
  rect.set_width(5);
  rect.set_height(7);
  $display("Total area : %d", rect.get_area);
end
endmodule
```

- 보호된 상속 : 보호된 기본 클래스에서 파생되는 경우 기본 클래스의 공용 및 보호된 구성원은 파생 클래스의 보호된 구성원이 된다.
- 국부 상속 : 국부 기본 클래스에서 파생되는 경우 기본 클래스의 공용 및 보호된 구성원은 파생 클래스의 국부 구성원이 된다.

SystemVerilog 클래스에서는 둘 이상의 클래스에서 구성원들을 상속 받을 수 없다. 즉 다중 상속을 지원하지 않는다.

동일한 범위(scope)에서 동일한 함수 이름에 대해 여러 정의를 가질 수 있는데 이것을 함수 **중복(overload)**이라 한다. 함수의 정의는 인수 목록의 인수 유형 또는 갯수에 따라 서로 달라야 한다. 반환 유형만 다른 함수 선언을 중복(overload) 할 수 없다.

다음은 동일한 함수 print를 사용하여 다른 자료형을 인쇄하는 예이다. 함수 중복은 참조 매뉴얼에 명시되어 있지만 이를 구현한 툴은 아직 없다.

```
class print_data;
  void print(integer i);
    $display("Printing integer : %d", i);
  endfunction
  void print(real f);
    $display("Printing real : %f", f);
  endfunction
 void print(logic [70:0] s);
    $display("Printing string : %s", s);
  endfunction
endclass

module test;
print_datapd;
initial begin
  pd.print(5);
  pd.print(5.5);
  pd.print("Hello, World.");
end
endmodule
```

SystemVerilog 다형성(polymorphism)은 구성원 함수를 호출하면 함수를 호출하는 객체의 유형에 따라 다른 함수가 실행됨을 의미한다. 기본 클래스 Shape가 다른 두 클래스 Rectangle과 Triangle에 의해 파생되고, 파생된 두 하위 클래스에 의해 같은 이름의 area 방법이 구현된 다음 예제를 보인다.

```
class Shape;
  protected integer width, height;
  function new(integer a=0, integer b=0);
    width = a;
    height = b;
  endfunction
  function integer area();
    $display("Parent class area :");
    return 0;
  endfunction
endclass

class Rectangle extends Shape;
  function new(integer a=0, integer b=0);
    shape(a, b);
  endfunction
  function integer area();
    $display("Rectangle class area :");
    return(width*height);
  endfunction
endclass

class Triangle extends Shape;
  function new(integer a=0, integer b=0);
    shape(a, b);
  endfunction
  function integer area();
    $display("Triangle class area :");
    return(width*height/2);
  endfunction
endclass
```

```
module test;
initial begin
    Shape sh;
    Rectangle rec(10, 7);
    Triangle tri(10, 5);
    sh= rec;
    sh.area();
    sh= tri;
    sh.area();
endmodule
```

앞의 코드가 컴파일되고 실행되면 다음과 같은 결과가 생성된다.

```
Parent class area
Parent class area
```

잘못된 출력에 대한 이유는 area 함수 호출을 하면 기본 클래스에 정의된 버전으로 컴파일러에 의해 한 번 설정되기 때문이다. 이를 함수 호출의 정적 해결(static resolution) 또는 정적 연결(linkage)이라고 한다. 함수 호출은 프로그램이 실행되기 전에 고정된다. 프로그램을 컴파일하는 동안 area 함수가 설정되기 때문에 이를 **조기 바인딩(early binding)**이라고도 한다.

하지만 이제 프로그램을 약간 수정을 가해보자. virtual 키워드를 사용하여 shape 클래스에서 area 선언을 해보자. 그러면 원하는 결과가 나올 것이다. 기본 클래스에 virtual이 붙어있는 방법의 의미는 이 방법은 파생된 클래스에서 정의될 것이라는 것을 알려주면서 앞의 예제같이 조기 바인딩을 막아준다.

```
class Shape;
  protected integer width, height;
  function new(integer a=0, integer b=0);
    width = a;
    height = b;
  endfunction
  virtual function integer area();
    $display("Parent class area :");
    return 0;
  endfunction
endclass

class Rectangle extends Shape;
  function new(integer a=0, integer b=0);
    shape(a, b);
  endfunction
  function integer area();
    $display("Rectangle class area :");
    return(width*height);
  endfunction
endclass

class Triangle extends Shape;
  function new(integer a=0, integer b=0);
    shape(a, b);
  endfunction
  function integer area();
    $display("Triangle class area :");
    return(width*height/2);
  endfunction
endclass
```

```
module test;
initial begin
    Shape sh;
    Rectangle rec(10, 7);
    Triangle tri(10, 5);
    sh= rec;
    sh.area();
    sh= tri;
    sh.area();
endmodule
```

위의 코드가 컴파일되고 실행되면 정상적으로 다음과 같은 결과가 생성된다.

```
Rectangle class area
Triangle class area
```

6.8 문자열(String)과 열거(Enumeration) 자료형

Verilog에서는 8비트 ASCII 부호를 최대 256까지 갖는 문자열이 지원되었지만 SystemVerilog에서는 클래스로 구현되어 **string**을 자료형으로 사용할 수 있다. 다음과 같은 방법들을 사용할 수 있다.

- len(s): 문자열 s의 길이를 반환
- putc(i, c): i번째 위치의 문자를 치환
- getc(i): i번째 위치의 문자를 반환
- toupper(): 대문자열로 변환
- tolower(): 소문자열로 변환

- compare(s): 대소문자 구분해서 문자열 s와 비교해서 일치하면 0, 그렇지 않으면 0이 아닌 값 반환
- icompare(s): 대소문자 구분없이 문자열 s와 비교하며 결과는 compare와 동일
- substr(i, j): 문자열의 i번째에서 j번째 위치 사이의 문자열을 반환
- atoi(s): 문자열 s를 정수로 변환
- atoreal(s): 문자열 s를 실수로 변환
- itoa(i): 정수 i를 문자열로 변환
- hextoa(i): 정수 i를 16진 문자열로 변환
- octtoa(i): 정수 i를 8진 문자열로 변환
- bintoa(i): 정수 i를 2진 문자열로 변환
- realtoa(r): 실수 r을 문자열로 변환

열거(enumeration) 자료형은 다른 프로그래밍 언어에서 발견되는 것과 동일하며 특히 C 언어에서 발견되는 것과 동일하다. 선언은 다음과 같이 한다.

enum <data-type> {enum-data-name1[=value1], enum-data-name2[=value2], ...} <variable-name>

<data-type>이 생략되면 int로 처리된다. 다음 예제의 경우 열거 자료형 변수 medal이 선언되었고 세 개의 값 BRONZE (4), SILVER (5), 및 GOLD (6)을 갖는다. enum-data-name에 값이 없으면 0에서 시작하고 그 외에는 앞의 값에 1 증가시킨다.

```
enum {BRONZE=4, SILVER, GOLD} medal;
```

열거 자료형은 데이터 자료형이나 데이터 값없이 강력한 유형의 변수를 추상적으로 선언하고 나중에 더 많은 정의가 필요한 설계에 필요한 데이터 자료형과 값을 추가하는 기능을 제공한다. 열거된 데이터 자료형은 열거된 값이 아닌 열거된 이름을 사용하여 쉽게 참조하거나 표시할 수도 있다. 보통 enum은 다음과 같이 typedef과 함께 많이 사용된다. 다음과 같이 선언하면 세 개의 열거된 값 RED (0), GREEN (1), 및 BLUE (2)을 갖는 새로운 이름의 자료형 RGB_E를 정의하고, 이 RGB_E 자료형의 변수 rgb_var를 선언하는 것이다.

```
typedef enum {RED, GREEN, BLUE} RGB_E;
RGB_E rgb_var;
```

조심할 것은 위의 예제처럼 rgb_var은 정수 값을 가질 수 있지만 rgb_var에 세 개의 열거된 값 RED (0), GREEN (1), 및 BLUE (2) 값 외에 정수 값을 직접 인가하면 안된다. 정수 값을 직접 인가하려면 다음과 같이 캐스팅 (casting)하여야 한다. 캐스팅에는 다음과 같이 두 가지 방법이 있다.

정적 캐스팅: rgb_var = RGB_E'(2)

동적 캐스팅: $cast(rgb_var, 2)

다음과 같은 방법들을 사용할 수 있다.

- first(): 열거된 첫 번째 구성원의 값을 반환
- last(): 열거된 마지막 구성원의 값을 반환
- next(): 다음 구성원의 값을 반환
- next(n): n번째 다음 구성원의 값을 반환
- prev(): 이전 구성원의 값을 반환
- prev(n): n번째 이전 구성원의 값을 반환
- num(): 구성원의 개수를 반환
- name(): 구성원 값에 대한 <enum-data-name>을 반환

다음에 사용 예를 보인다.

```
module enum_datatype;
  //declaration
  enum { red, green, blue, yellow, white, black } Colors;

  //display members of Colors
  initial begin
    Colors = Colors.first;

    for(int i=0;i<6;i++) begin
      $display("Colors :: Value of  %0s \t is = %0d", Colors.name, Colors);
      Colors = Colors.next;
    end
  end
endmodule
```

6.9 프로세스 간 통신

프로세스 간 통신(interprocess communication: IPC) 방법으로 Verilog에서는 **명명된 사건(named event)** 밖에 없었으나 SystemVerilog에서 **깃발(semaphore)**과 **우편함(mailbox)**이 추가되었다. 이들 세가지 모두 클래스를 이용하여 구현되었기 때문에 각각 방법들을 가지고 있다.

Verilog의 명명된 사건의 타이밍 오류를 수정하여 많이 개선되었다. 사건의 발생을 정확하게 알려줄 수 있도록 하고(triggered) 일련의 사건이 주어진 순서대로 발생하는지 감시하는(wait_ord) 방법을 제공한다. "event a"가 선언되었을 때 사건의 발생 유무를 이제는 Verilog에서의 "@(a)"보다는 "wait(a.triggered)"로 사용하면 오류없이 사건을 수신할 수가 있다.

깃발은 공통의 자원을 관리하기 위한 열쇠를 생성하고(new), 지원을 사용하기 위해 열쇠를 얻고(get 또는 try_get), 그리고 자원을 다 사용한 후 열쇠를 되돌려주는(put) 방법들을 제공한다. 다음은 깃발의 사용하는 예이다. 즉 세 개의 태스크 task_a, task_b, 및

task_c가 공통의 자원을 배타적으로 사용하는 예를 보여준다. fork~join 블록은 블록 내의 문장을 동시에 처리하고 세 개의 태스크가 다 처리되고 나면 블록에서 빠져나온다.

```
module tb();
  semaphore sema1;
  initial begin
    sema1 = new(1);      // create a semaphore with a key
    fork
      task_a();
      task_b();
      task_c();
    join
  end

  task task_a();
    // do something
    sema1.get(1);        // get the key to use common resource exclusively
    // use the resource
    sema1.put(1);        // put back the key after using the resource
  endtask

  task task_b();
    // do something
    sema1.get(1);        // get the key to use common resource exclusively
    // use the resource
    sema1.put(1);        // put back the key after using the resource
  endtask

  task task_c();
    // do something
    sema1.get(1);        // get the key to use common resource exclusively
    // use the resource
    sema1.put(1);        // put back the key after using the resource
  endtask

endmodule
```

우편함은 통신 채널을 제공하는 기능이다. 즉 통신을 위한 메일(데이터들의 묶음)들을 저장할 큐를 생성하고(new), 메일를 보내고(put 또는 try_put), 그리고 메일을 받는(get 또는 try_get) 방법들을 제공한다. 이외에 메일을 큐에서 제거하지 않고 단지 보는(peek 또는 try_peek) 방법과 메일의 개수를 알려주는(num) 방법이 있다. try가 붙은 방법은 비방해 (non-blocked) 방법이다. 생성할 때 인수가 없으면 무한 크기(unbounded) 큐를 생성하고 정수 값의 인수가 있을 때는 그 개수를 가진 큐를 생성한다.

```
mailbox m1;
```

위와 같이 선언하면 어떠한 자료형도 큐에 들어갈 수 있다. 그렇지만 다음과 같이 저장될 자료형에 제약을 줄 수도 있다(parameterized mailbox).

```
mailbox #(integer) m2;
```

6.10 인터페이스(Interface)

SystemVerilog에서 **인터페이스(interface)**는 많은 신호들을 가진 버스를 연결하는데 편리한 기능을 제공한다. 다른 모듈들이 쉽게 이들 신호들을 사용할 수 있다. 다음은 ARM AXI(advanced extensible interconnect) 버스 사용 예를 보여준다. 인수로 있는 clk와 rst는 이인터페이스에서 사용되는 공통 신호라는 뜻이다.

```
interface axi_wr_addr_intf(input clk, rst)
  logic clk, rst;
  logic [3:0] awid;
  logic [31:0] awaddr;
  logic [3:0] awlen;
  logic [2:0] awsize;
  logic [1:0] awburst;
  logic awvalid, awready;
endinterface
```

여기에서 이 버스를 사용하는 모듈을 개발할 때 마스터 입장에서 사용하느냐 또는 슬레이브 입장에서 사용하느냐에 따라서 신호의 방향이 달라질 것이다. 그래서 신호들의 방향을 입력하려면 **modport**를 추가할 수 있다.

```
interface axi_wr_addr_intf(input clk, rst)
  logic clk, rst;
  logic [3:0] awid;
  logic [31:0] awaddr;
  logic [3:0] awlen;
  logic [2:0] awsize;
  logic [1:0] awburst;
  logic awvalid, awready;
  modport MASTER (output awid, awaddr, awlen, awsize, awburst, awvalid,
                  input awready);
  modport SLAVE  (input awid, awaddr, awlen, awsize, awburst, awvalid,
                  output awready);
endinterface
```

그리고 신호들간의 타이밍 요구와 동기화 방법을 기술하는데 **clocking** 블록을 이용하여 기술할 수 있다. input 뒤의 값은 입력 스큐(skew) 값을 나타내고 클록 에지로부터 얼마나 이전에 신호를 취하고 output 뒤의 값은 출력 스큐(skew) 값을 나타내고 클록 에지로부터 얼마나 이후에 신호를 구동하는가를 나타낸다. 입력 스큐에서 #1step은 Post-pone 영역에서 이전 시간 단계의 끝에서 신호를 취한다는 뜻이고 #0은 Observed 영역에서 해당하는 클록 사건과 같은 시간에서 신호를 취한다는 의미이다. 출력 스큐에서 #0은 Re Non-blocking 영역에서 명시된 클록과 같은 시간에 구동한다는 뜻이다.

```
interface axi_wr_addr_intf(input clk, rst)
  logic clk, rst;
  logic [3:0] awid;
  logic [31:0] awaddr;
  logic [3:0] awlen;
  logic [2:0] awsize;
  logic [1:0] awburst;
  logic awvalid, awready;

  clocking drv_mst_cb @(posedge clk); // clocking block for driving by the
master
    default input #1step output #0;
    output awid, awaddr, awlen, awsize, awburst, awvalid;
    input awready;
  endclocking

  clocking drv_slv_cb @(posedge clk); // clocking block for driving by the
slave
    default input #1step output #0;
    input awid, awaddr, awlen, awsize, awburst, awvalid;
    output awready;
  endclocking

  clocking mon_cb @(posedge clk);    // clocking block for monitoring
    default input #1step output #0;
    input rst, awid, awaddr, awlen, awsize, awburst, awvalid, awready;
  endclocking

  modport MASTER (output awid, awaddr, awlen, awsize, awburst, awvalid,
                  input awready);
  modport SLAVE   (input awid, awaddr, awlen, awsize, awburst, awvalid,
                  output awready);
endinterface
```

다음은 interface을 이용하여 port 신호로 인가하는 module의 예이다. 이 예제에서는 신호가 request와 grant밖에 없지만 앞의 예제 axi_wr_intf처럼 신호의 수가 많다면 모듈의 port 신호를 일일이 열거하기가 굉장히 번거로울 것이다.

```
interface simple_interface (input clk)
  logic request, grant;
endinterface

module design(simple_interface intf);
  ...
  always @(posedge intf.clk) begin
    if (intf.request == 1'b1)
      ...
    end
  end
endmodule

module test_bench();
  logic clk;
  simple_interface tb_intf(clk); // instantiate the simple_interface
  design d1(.intf(tb_intf));     // instantiate the design
  always #5 clk = ~clk;
  initial begin
    ...
    @(posedge tf_intf.clk)
      tb_intf.request <= 1'b1;
    ...
  end
endmodule
```

```
interface simple_interface (input clk)
  logic request, grant;

  clocking drv_mst_cb @(posedge clk); // clocking block for driving by the master
    default input #1step output #0;
    output request;
    input awready
  endclocking

  clocking drv_slv_cb @(posedge clk); // clocking block for driving by the slave
    default input #1step output #0;
    input request;
    output grant;
  endclocking

  clocking mon_cb @(posedge clk);   // clocking block for monitoring
    default input #1step output #0;
    input request, grant;
  endclocking

  modport MASTER (output request, input grant);
  modport SLAVE   (input request, output grant);
endinterface

module design(simple_interface.slave intf);
  ...
  always @(posedge intf.clk) begin
    if (intf.request == 1'b1)
       ...
    end
  end
endmodule
```

```
module test_bench();
  logic clk;
  simple_interface tb_intf(clk); // instantiate the simple_interface
  design d1(.intf(tb_intf));        // instantiate the design
  always #5 clk = ~clk;
  initial begin
    ...
    @(tb_intf.drv_mst_cb)
      tb_intf.drv_mst_cb.request <= 1'b1;
    ...
  end
endmodule
```

6.11 fork~join 문

Verilog에서는 fork~join(혹은 fork~join all)밖에 없었으나 SystemVerilog에서는 fork~join any와 fork~join none이 추가되었다. fork~join내의 문장들이 동시에 실행되고 default인 join all에서는 모든 문장의 실행이 모두 완료되면 빠져나오고, join any에서는 한 개의 문장이라도 완료되면 빠져나오고, 마지막으로 join none에서는 실행시키고 바로 빠져나온다.

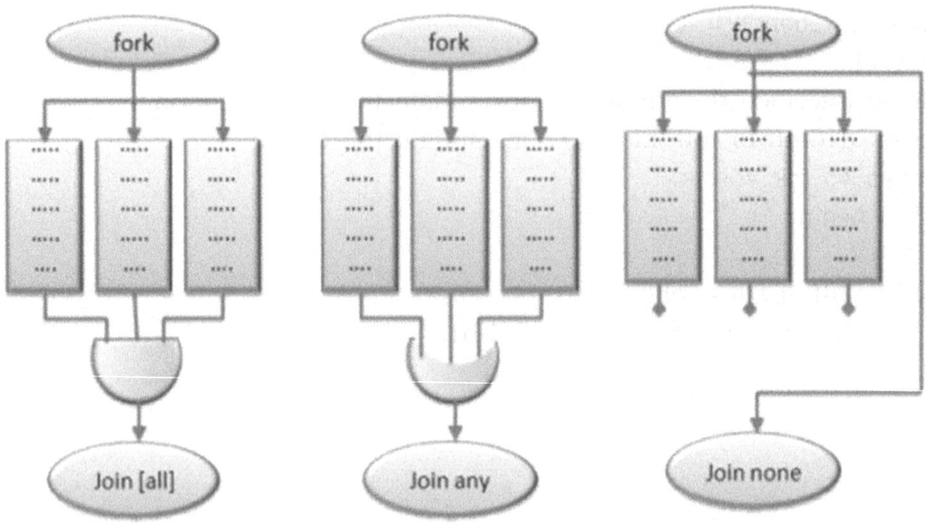

그림 6.3. 3가지 fork~join 문

6.12 program

Verilog 시뮬레이션 시 설계 module들과 테스트벤치가 같은 module로 정의되기 때문에 시뮬레이션 시 실행 순서에 민감한 시뮬레이션 시 문제가 발생할 수 있다. 그래서 SystemVerilog에서는 테스트벤치를 만들 시 **program**을 이용하여 새로운 방법을 제공한다. test_top module에 설계 모듈인 DUT와 테스트벤치가 혼재하더라도 테스트벤치가 module 대신 program으로 시작하도록 하면 실행 순서가 module들이 모두 실행된 후 program으로 시작되는 테스트벤치가 실행되게끔 한다.

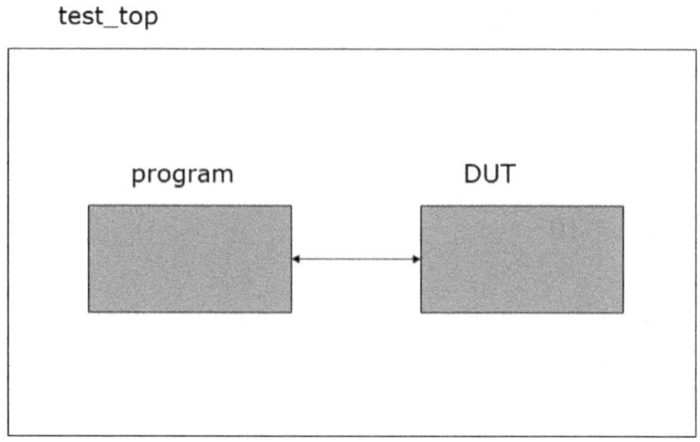

그림 6.4. 테스트벤치 만드는 새로운 방법

```
program main ;
  initial begin
    #(10);
    $display(" BEFORE fork time = %d ",$time );
    fork begin
        # (20);
        $display("time = %d # 20 ",$time );
      end
      begin
        #(10);
        $display("time = %d # 10 ",$time );
      end
      begin
        #(5);
        $display("time = %d # 5 ",$time );
      end
    join
    $display(" time = %d Outside the main fork ",$time );
    #(40);
  end
endprogram
```

위의 프로그램을 실행하면 다음과 같이 결과가 나올 것이다.

```
RESULTS

BEFORE fork time = 10
time = 15 # 5
time = 20 # 10
time = 30 # 20
time = 30 Outside the main fork
```

6.13 표명(Assertion), 가정(Assume), 및 커버(Cover)

SystemVerilog는 Verilog의 설계와 시뮬레이션 지원에 덧붙여 검증(verification)을 지원한다. 검증하는 방법으로 **표명(assertion)**, **가정(assume)**, 및 **커버(cover)**를 이용한다. 이것은 실행 주석문(executable comment)이라고 할 정도로 설계나 테스트벤치에서 집어넣어 실행시켜 설계 오류를 잡아낼 수가 있다. 표명에는 다음 2가지 종류가 있다.

- 즉시 표명(immediate assertion)
- 동시 표명(concurrent assertion)

즉시 표명(immediate assertion)은 임의의 절차(procedure)나 함수에서 사용될 수가 있고 결과는 bit 자료형을 갖는다. 클록이나 리세트 신호를 갖지 않는다. 아래에 사용 예를 보였다. 이 문장 실행 시 진위 여부를 체크한다.

```
A1: assert(foo && bar || baz);
```

설계자가 설계에 대해 누구보다도 잘 알고 있으므로 설계할 때부터 오류를 범하기 쉬운 곳에 즉시 표명을 집어넣으면 오류 발생 시 바로 알려주므로 검증 엔지니어가 테스트 패턴인 난수 입력을 집어넣어 나온 출력을 보고서 오류를 찾아내는 것보다 훨씬 효율적이다.

그에 반하여 **동시 표명(concurrent assertion)**은 순서(sequence)와 성질(property)을 다 사용할 수가 있고 절차에서 제한적으로 위치할 수 있고 절차 밖에서도 사용 가능하다. 아래에 사용 예를 보였다. 클록은 명시할 수도 있고 default clocking 블록이나 always 문에 있는 클록으로부터 상속받을 수도 있다. 리세트도 명시할 수 있고 always 문에 있는 클록으로부터 상속 받을 수 있다. 이것은 각 클록에서 체크된다. "disabe iff(rst)"는 rst 신호가 들어왔을 때는 체크를 하지 말라는 뜻이다.

```
A2: assert property (@posedge clk) disable iff(rst) (foo ##1 bar|=>baz));
```

또한 형식 검증(formal verificaion)을 가능하도록 해준다. 이것은 테스트 시나리오를 따로 지정할 필요 없이 발생 가능한 모든 디자인 동작의 지능적인 부분을 철저하게 해석하는 방법이다. 즉 작성된 설계의 원하는 기능으로 종료하는지를 조사하기 위해 엄격하고도 수학적인 기법을 사용한 설계 검증법으로 시뮬레이션 테스트벤치를 생성하기 전, 설계 일정 초반에 검증을 수행할 수 있게 해 버그를 놓치는 일이 없도록 함으로써 설계 품질을 향상시킬 수 있게 해준다.

표명에는 다음과 같이 4개 층으로 구성되어 있다. Boolean 층에서 단순한 Boolean 식을 표현하고, sequence 층에서 시간 상의 Boolean 식들의 집합을 표현하고, property 층에서는 sequence들의 밀접한 관계(implification)를 나타내며, 마지막으로 assert 문으로 코딩에서 직접 사용한다.

커버는 설계의 시퀀스 및 기타 행동 측면을 모니터링하는 데 사용할 수 있다. 도구는 평가에 대한 정보를 수집하고 시뮬레이션 끝에 결과를 보고할 수 있다. 커버의 속성이 성공하면 패스 문은 시퀀스에 대한 모든 경로를 모니터링하는 것과 같은 커버리지 함수를 지정할 수 있다. 통과 진술에는 동시 표명, 가정, 또는 커버 문이 포함되어서는 안된다. 커버 속성은 단일 커버 포인트를 만든다. 커버에는 두 가지로 나눌 수 있다

- 성질 (property)에 대한 커버
- 시퀀스에 대한 커버

커버의 커버리지 결과는 다음과 같이 나타난다.

- 시도 횟수
- 성공 횟수
- 실패한 횟수
- vacuity로 성공한 횟수

다음 예의 경우 key는 4개의 값을 취할 수 있는 반면 mode는 16개의 값을 취할 수 있다. 따라서 시뮬레이션에서 이러한 두 변수를 모니터링하고 mode 및 key 값을 보고할 수 있는 것이 있다면 테스트에서 특정 기능을 다루었는지 여부에 대해 알 수 있다. 좋은 부분은 시뮬레이션이 완료된 후 검토할 수 있도록 시뮬레이터에 이러한 커버리지 세부 정보를 파일에 덤프하는 옵션이 있다는 것이다. 또한 다른 테스트에서 이러한 모든 커버리지 파일을 단일 데이터베이스로 병합하고 전체적으로 검토할 수 있다. 테스트 A가 X를 커버하고 테스트 B가 Y를 커버했다면 이들을 병합한 데이터베이스는 X와 Y를 모두 커버했다는 것을 보여준다.

[a:b]의 의미는 시작 값 a에서 시작하여 1씩 증가하여 마지막 값 b까지를 포함한 모든 값을 의미한다. 여기서 a와 b 자리에 $를 사용할 수 있는데 a 자리에 나올 때는 가질 수 있는 최소값을 의미하고 b 자리에 나타날 때는 가질 수 있는 최대값을 의미한다.

“bins featureB = { [1:3] }”는 1에서 3 사이의 값에 대한 단 하나의 커버리지를 나타내고 “bins common [] = {4:$}”는 mode는 4비트 변수이므로 최대값 15를 가지므로 4에서 15까지의 각각에 대한 12가지에 대하여 커버리지를 표시한다. default는 나머지 값들이라는 뜻이다. 만약 “bins common [] = {$:3}”이 사용되었다면 최소값이 0이므로 0에서 3까지의 각각에 대한 4가지에 대하여 커버리지를 표시한다.

```
class myTrns;
  rand bit [3:0]          mode;
  rand bit [1:0]          key;

  function display ();
    $display ("[%0tns] mode = 0x%0h, key = 0x%0h",
              $time, mode, key);
  endfunction

  covergroup CovGrp;
    coverpoint mode {
      bins featureA       = {0};
      bins featureB       = { [1:3] };
      bins common []      = {4:$};
      bins reserve        = default;
    }
    coverpoint key;
  endgroup
endclass
```

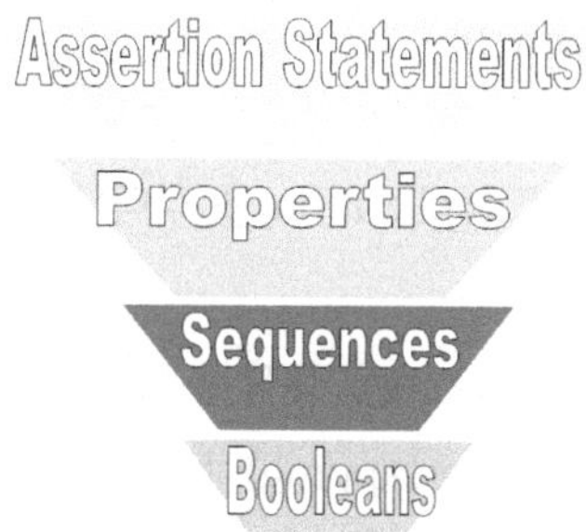

그림 6.5. 표명의 4개의 층 구조

기본 순서 연산으로 다음이 있다.

- s1 ##[m:n] s2: 순서 s1과 s2 사이에 m에서 n 싸이클 지연 (0은 중복)
- s1[*m:n]: m에서 n번 반복

- s1 or s2: 둘 중 하나의 순서가 사실인지 체크
- s1 and s2: 둘 다 궁극적으로 사실인지 체크 (두 순서가 같이 시작해야 함)
- s1 intersect s2: 둘 다 궁극적으로 사실인지 체크 (두 순서의 시작과 끝이 같아야 함)
- s1 throughout s2: 모든 s2에 대해서 s1이 사실인지 체크

순서를 다음과 같이 명명할 수도 있다 (named sequence).

```
sequence s1(a);
  a ##1 b;
endsequence
```

명명하고 난 뒤 다음과 같이 사용하면 된다.

```
a1: assert property(s1(bar)|->baz);
```

그러면 이것은 다음과 등가이다.

```
a1: assert((bar ##1 b)|-> baz));
```

동작된 밀접한 관계 (triggered implication)을 나타내는 기본 성질 연산으로 다음이 있다.

- - seq|->prop: 중복된 (overlapping) 동작된 밀접한 관계가 사실인지 체크
- seq|=>prop: 비중복된 (non-overlapping) 동작된 밀접한 관계가 사실인지 체크

순서와 마찬가지로 성질도 다음과 같이 명명할 수도 있다 (named property).

```
property p1(e1, e2);
  e1|=>e2;
endproperty
```

명명하고 난 뒤 다음과 같이 사용하면 된다.

```
a1: assert property(p1(a, b));
```

그러면 이것은 다음과 등가이다.

```
a1: assert property(a|=>b);
```

AND, OR, NOT 연산자를 사용할 수 있다.

A|->B는 A가 B를 동작시킨다 (A triggers B)로 읽는다. A가 발생하면 B가 같은 시간에 발생한다. 이것은 !(A && !B)와 등가이다. 다음과 같은 진리표를 가짐에 조심해야 한다. not(A|->B)는 가끔 A가 발생하면 B가 발생하지 않는다를 의미한다.

A	B	A|->B	not(A|->B)
0	0	1	0
0	0	1	0
1	0	0	1
1	1	1	0

지원되는 표준 함수로 다음들이 있다.

- $onehot(expr): 정확하게 expr의 한 비트가 높은 상태이면 참
- $onehot0(expr): expr의 한 비트가 높은 상태이면 참
- $isunknown(expr): expr의 어느 한 비트가 x나 z 상태이면 참
- $countones(expr): 높은 상태의 비트 수를 출력
- $rose(expr): expr 값이 상승하면 참
- $fell(expr): expr 값이 하강하면 참
- $stable(expr): expr 값이 이전 값으로 변경되지 않고 같은 값을 가지면 참
- $changed(expr): expr 값이 이전 값에서 새로운 값으로 변경되면 참
- $past(expr, cycles): cycles 이전 값을 출력 (cycles이 없으면 이전 값)

$stable, $changed, 및 $past는 이전 시간의 값들을 사용하나 조심하기 바란다.

6.14 무작위화(Randomization)

SystemVerilog는 시뮬레이션 시 난수 발생을 지원하는 시스템 함수 외에 클래스 내의 데이터들에 대해서도 제약된 난수(constrained random number)을 발생시키는 방법인 **무작위화(randomization)**을 제공한다. 자료형 앞에 **rand**과 **randc**를 붙이고 객체를 생성하고 randomize 방법을 부르면 해당 자료형의 난수를 발생할 수 있다. rand은 중복되는 난수를 발생시키는 반면 randc는 중복되지 않는 난수를 발생시킨다. 다음에 사용 예를 보인다.

```
class packet;
  rand  bit [2:0] addr1;
  randc bit [2:0] addr2;
endclass

module rand_methods;
  initial begin
    packet pkt;
    pkt = new();
    repeat(10) begin
      pkt.randomize();
      $display("\taddr1 = %0d \t addr2 = %0d", pkt.addr1, pkt.addr2);
    end
  end
endmodule
```

난수에 제약을 가할 수 있는데 두 가지 방법이 있다.

- inline 제약: randomize with {range} 함수를 사용한다.
- out-of-line 제약: 클래스 내에서 정의한다.

만약 1에서 10 사이의 주소를 발생한다면 inline 제약을 사용한다면 다음과 같이 사용하면 된다.

```
class packet;
  rand   bit [2:0] addr1;
  randc bit [2:0] addr2;
endclass

module rand_methods;
  initial begin
    packet pkt;
    pkt = new();
    repeat(10) begin
      pkt.randomize() with {addr1>=1; addr1<=0; addr2>=1; addr2<=0;};
      $display("\taddr1 = %0d \t addr2 = %0d", pkt.addr1, pkt.addr2);
    end
  end
endmodule
```

만약 1에서 10 사이의 주소를 발생한다면 out-of-line 제약을 사용한다면 다음과 같이 사용하면 된다.

```
class packet;
  rand   bit [2:0] addr1;
  randc bit [2:0] addr2;
  constraint addr1_c {addr1>=1; addr1<=0;};
  constraint addr2_c {addr2>=1; addr2<=0;};
endclass

module rand_methods;
  initial begin
    packet pkt;
    pkt = new();
    repeat(10) begin
      pkt.randomize();
      $display("\taddr1 = %0d \t addr2 = %0d", pkt.addr1, pkt.addr2);
    end
  end
endmodule
```

제약을 어떤 수식과 같다는 것을 줄 때는 = 대신 ==을 사용해야 하니 조심해야 한다. 즉 다음과 같이 사용해야 한다.

```
constraint my_min { min == temp.low * 9/5 + 32; }
```

또한 난수 발생에 가중된 분포(weighted distribution)로 발생할 수가 있다. 다음의 예에서는 다음과 같은 가중치로 난수가 발생된다. data 발생의 경우 data=2는 5의 가중치로, 10에서 12는 :/8의 의미가 가중치 8을 균등하게 나누라는 뜻이므로 8/3의 가중치로 발생된다. addr의 발생의 경우 addr=2은 가중치 5로, 7은 8의 가중치로, 그리고 10은 12의 가중치로 발생된다. 즉 := 연산자는 우변의 값이 바로 가중치가 되고 /= 연산자는 우변의 값을 좌변 변수의 개수로 나누어 가중치를 정한다. 여기서 [10:12]는 10에서 12사이의 값을 1 증가 시켜 발생한 수들의 집합을 의미하므로 10, 11, 12이다. 여기에서 $가 사용될 수 있는데 [10:$]로 사용하면 $는 마지막 값을 의미하므로 아래 예의 경우 4비트 수는 최대값 15를 가지므로 10, 11, 12, 13, 14, 15이다.

```
class packet;


  rand bit [3:0] data;
  rand bit [3:0] addr;


  constraint data_range { data dist { 2 :/ 5, [10:12] :/ 8 }; };
  constraint addr_range { addr dist { 2 := 5, 7 := 8, 10 := 12 }; };

endclass
```

연습문제

1. 다음 프로그램의 실행 결과는 어떻게 될까?

```
//class
class packet;
  bit [31:0] addr;
  static bit [31:0] id;
  function display(bit [31:0] a,b);
    $display("Values are %0d %0d",a,b);
  endfunction
endclass

module sro_class;
  intid=10;
  initial begin
    packet p;
    p = new();
    packet::id = 20;
    p.display(packet::id, id);
  end
endmodule
```

2. 다음 프로그램의 실행 결과는 어떻게 될까?

```
programmain ;
initial begin
  #(10);
  $display(" BEFORE fork time = %d ",$time );
  fork
    begin
      # (20);
      $display("time = %d # 20 ",$time );
    end
    begin
      #(10);
      $display("time = %d # 10 ",$time );
    end
    begin
      #(5);
      $display("time = %d # 5 ",$time );
    end
  join none
  $display(" time = %d Outside the main fork ",$time );
  #(40);
end
endprogram
```

3. 다음은 어떠한 데이터를 발생하는 클래스인지 해석하라.

```
class myClass;
  rand bit [3:0] min, typ, max;
  rand bit [3:0] fixed;
  constraint my_range { 3 < min;
                        typ < max;
                        typ > min;
                        max < 14; }
  constraint c_fixed { fixed == 5; }
  function string display ();
    return $sformatf ("min=%0d typ=%0d max=%0d fixed=%d", min, typ,
                      max, fixed);
  endfunction
enclass
```

7

CHAPTER

게이트 수준(Gate-level) 모델링

7.1 게이트 기본 요소(Primitive)

7.2 전송 게이트(Transmission Gate) 기본 요소(Primitive)

7.3 스위치(Switch) 기본 요소(Primitive)

7.4 신호 세기 (Strength) 수준

7.5 게이트와 스위치 지연

7.6 게이트 수준 모델링 예

학습목표

- 게이트 수준의 모델링에 대해서 설명한다
- 게이트 기본 요소를 설명한다
- 전송 기본 요소를 설명한다
- 신호 세기 수준을 설명한다
- 게이트와 스위치의 지연을 설명한다

Verilog는 **게이트 수준 모델링(gate-level modelling)**을 위하여 **게이트(gate)**, **전송 게이트(transmission gate)**, 및 **스위치(switch)** 같은 내장된 **기본 요소(primitive)**를 가지고 있다. 설계할 때는 거의 사용되지 않지만 ASIC/FPGA 시뮬레이션시 셀을 모델링할 때 사용된다. 이 셀들은 **SDF(standard delay format)** 시뮬레이션이라는 게이트 수준의 모델링에서 사용된다.

7.1 게이트 기본 요소(Primitive)

게이트 기본 요소(gate primitive)는 **버퍼(buffer)**와 **인버터(invertor)**를 제외하고 여러 입력과 한 개의 출력을 갖는다. 그에 반하여 버퍼와 인버터는 여러 개의 출력과 한 개의 입력을 갖는다. 인수의 순서는 출력이 먼저 나오고 그 다음 입력이 나온다.

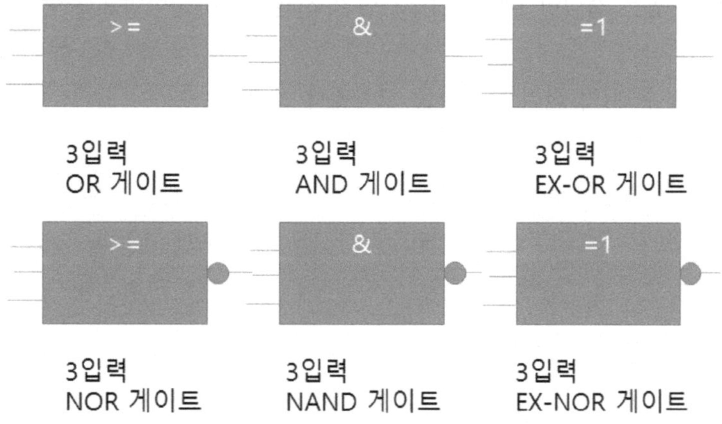

그림 7.1. 게이트 기본 요소

표 7.1 게이트 기본 요소

게이트	설명	사용 예
or	N입력 OR	or(out, in1, in2, …, inN)
nor	N입력 NOR	nor(out, in1, in2, …, inN)
and	N입력 AND	and(out, in1, in2, …, inN)
nand	N입력 NAND	nand(out, in1, in2, …, inN)
xor	N입력 XOR	xor(out, in1, in2, …, inN)
xnor	N입력 XNOR	xnor(out, in1, in2, …, inN)

예를 들어서 위의 게이트 기본 요소를 부품으로 가져오는 요령은 다음과 같이 하면 된다.

```
and #(12, 9) [3:0] u3 (y, a, b, c)
```

이것의 의미는 3개 입력 a, b, 및 c를 받아 출력 y를 출력하는 3개 입력 and 게이트 기본 요소의 부품 이름에 u3라고 명명했으며 이런 3개 입력 and가 나란히 4개가 있다는 뜻이다. 그리고 높은 출력이 나오는데 12 단위 시간, 낮은 출력이 나오는데 9 단위 시간의 지연이 생긴다.

AND, OR, 및 NOR의 진리표를 다음 그림에서 보였다.

AND	0	1	x	z
0	0	0	0	0
1	0	1	x	x
x	0	x	x	x
z	0	x	x	x

XOR	0	1	x	z
0	0	1	x	x
1	1	0	x	x
x	x	x	x	x
z	x	x	x	x

OR	0	1	x	z
0	0	1	x	x
1	1	1	1	1
x	x	1	x	x
z	x	1	x	x

그림 7.2 AND, OR, 및 XOR에 대한 진리표

7.2 전송 게이트(Transmission Gate) 기본 요소 (Primitive)

전송 게이트 기본 요소(transmission gate primitive)는 다음과 같다. 여기서 **높은 수준 동작(active-high)** 신호는 동작상태일 때 높은 값을 갖고 반대로 **낮은 수준 동작(active-low)** 신호는 동작상태일 때 낮은 값을 갖는다.

게이트	설명	
buf	N개 출력 버퍼	buf(ou1, out2, …, outN, in)
not	N개 출력 인버터	not(out1, out2, …, outN, in)
bufif1	N개 출력 3상태 버퍼, 활성 높은 control	bufif1(out1, out2, …, outN, in, control)
notif1	N개 출력 3상태 인버터, 활성 높은 control	notif1(out1, out2, …, outN, in, control)
bufif0	N개 출력 3상태 버퍼, 활성 낮은 control	bufif0(out1, out2, …, outN, in, control)
notif0	N개 출력 3상태 인버터, 활성 낮은 control	notif0(out1, out2, …, outN, in, control)

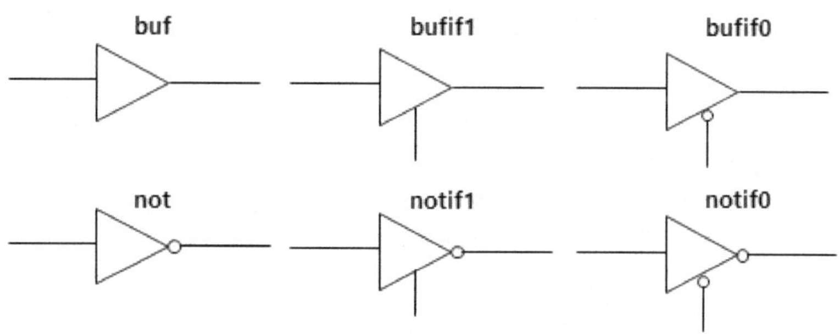

그림 7.3 전송 게이트 기본 요소

BUF		INV	
0	0	0	1
1	1	1	0
x	x	x	x
z	x	z	x

그림 7.4 버퍼와 인버터에 대한 진리표

7.3 스위치(Switch) 기본 요소(Primitive)

스위치 기본 요소(switch primitive)로는 다음과 같다.

게이트	설명	사용 예
pmos	단방향 PMOS 스위치	pmos(out, data, control)
rpmos	저항을 가진 단방향 PMOS 스위치	rpmos(out, data, control)
nmos	단방향 NMOS 스위치	nmos(out, data, control)
rnmos	저항을 가진 단방향 NMOS 스위치	rnmos(out, data, control)
cmos	단방향 CMOS 스위치	cmos(out, data, ncontrol, pcontrol)
rcmos	저항을 가진 단방향 CMOS 스위치	rcmos(out, data, control)
tranif1	양방향 트랜지스터 (활성 높은 control)	tranif1(inout1, inout2, control)
tranif0	양방향 트랜지스터 (활성 낮은 control)	tranif0(inout1, inout2, control)
rtranif1	저항을 가진 양방향 트랜지스터 (활성 높은 control)	rtranif1(inout1, inout2, control)
rtranif0	저항을 가진 양방향 트랜지스터 (활성 낮은 control)	rtranif0(inout1, inout2, control)
tran	양방향 통과 트랜지스터	tran(inout1, inout2)
rtran	저항을 가진 양방향 통과 트랜지스터	rtran(inout1, inout2)
pullup	풀다운 저항	
pulldown	풀업 저항	

저항을 가진 장치들은 신호의 세기(strength)를 한 단계 약화시키는 목적으로 사용된다.

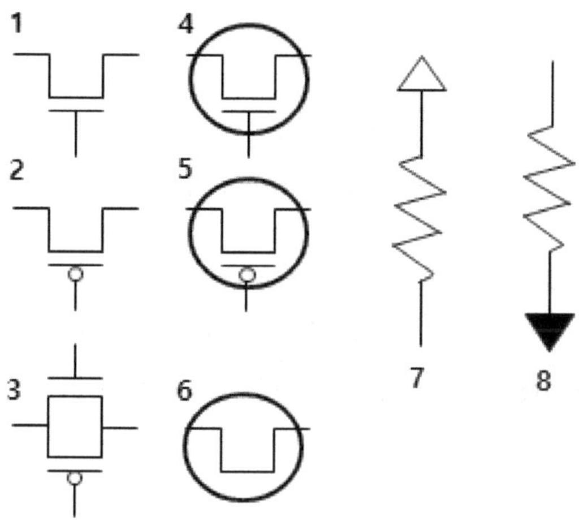

그림 7.5 **스위치 기본 요소**: 1 nmos, 2 pmos, 3 cmos, 4 tranif1, 5 tranif0, 6 tran, 7 pullup, 및 8 pulldown

7.4 신호 세기(Strength) 수준

신호 세기(signal strength)는 다음과 같이 8단계가 있다. 번호가 높을수록 세기가 더 세다.

	신호 수준	사용 예
7	supply drive	supply0, supply1
6	strong pull	strong0, strong1
5	pull drive	pull0, pull1
4	large capacitance	large
3	weak drive	weak0, weak1
2	medium capacitance	medium
1	small capacitance	small
0	high impedance	highz0, highz1

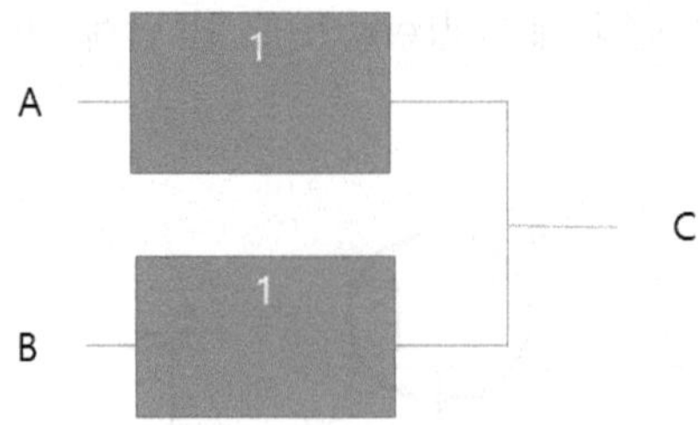

그림 7.6 두개의 드라이버를 갖는 연결

그림 7.6같이 두 개의 드라이버를 갖는 연결에서 만약 A 신호의 세기가 pull1이고 B의 신호 세기가 supply0 라면 C의 신호 세기는 B의 값을 취한다.

게이트 기본 요소를 이용하여 D 래치를 설계한 코드를 아래에 보였다.

```
module d_latch_tb ();
wire Q, Qb;
reg D, CLK;

nand U1 (X, D, CLK);
nand U2 (Y, X, CLK);
nand U3 (Q, Qb, X);
nand U4 (Qb, Q, Y);

initial begin
   $monitor("CLK=%b D=%b Q=%b Qb=%b", CLK, D, Q, Qb);
   CLK = 0;
   D = 0;
   #3 D = 1;
   #3 D = 0;
   #3 $finish;
end

always
   #2 CLK = ~CLK;

endmodule
```

7.5 게이트와 스위치 지연

실제 회로에서 논리 게이트들은 **전달 지연(propagation delay)**을 갖게 된다. Verilog는 각 게이트에 이러한 지연을 주는 구조를 갖고 있다. 지연에는 **상승 시간(rising time)**, **하강 시간(falling time)**, **꺼지는 시간(turn-off time)**을 가질 수 있다. 또한 각 시간 별로 **최대값(maximum value)**, **전형적인 값(typical value)**, 및 **최소값(minimum vaule)**들을 줄 수 있다. 상승 시간은 0, x, 및 z에서 1로 천이되는데 걸리는 시간이고, 하강 시간은 1, x, 및 z에서 0으로 천이되는데 걸리는 시간이며 꺼지는 시간은 0, 1, 및 x에서 z로 천이되는데 걸리는 시간이다.

조건	온도	전압	회로
Typical	실온	보통 전압	
Maximum	고온	낮은 전압	느린 회로
Minimum	저온	높은 전압	빠른 회로

게이트에 대한 전달 지연에 대한 예로 들어 'and #(8) n1 (q, a, b)'는 다음 두 가지를 의미한다.

1. a와 b를 입력으로 하는 and 게이트가 8단위 시간 후에 q가 출력된다. 높은 출력과 낮은 출력에 동시에 적용된다.
2. 입력으로 들어 온 8보다 더 작은 펄스 폭은 출력에 아무런 영향을 주지 않는다.

이런 지연을 **관성 지연(inertial delay)**이라고 한다. 펄스 폭에 상관없이 출력에 영향을 미치는 지연을 **전송 지연(transport delay)**이라고 한다.

이에 반하여 **넷 지연(net delay)**는 다음과 같이 사용하면 된다.

```
wire #<delay_time> <variable>
```

즉 변수까지 넷을 통하여 값이 전달되는데 지연 시간만큼 지연된다. 값이 하나일 때는 그 값이 세 가지 지연 모두에게 적용된다. 두 개가 있을 때는 상승 시간과 하강 시간에 두 값을 적용하고 x나 z로의 천이 시간은 두 값 중의 작은 값이 적용된다. 없는 지연 값은 주어진 값들중 최소값을 이용함을 알 수 있다. 즉 'wire #5 a'는 a까지 전달되는데 걸리는 지연 시간이 5 단위 시간 소요된다.

다음 코드를 실행하여 보자.

```
module delay_example ();
reg in;
wire rise_delay, fall_delay, all_delay;

initial begin
    $monitor("Time = %g RISE = %b FALL = %b ALL = %b", $time,
        rise_delay, fall_delay, all_delay);
    in = 0;
    #10 in = 1;
    #10 in = 0;
    #20 $finish;
end

buf #(1, 0) U_rise (rise_delay, in);
buf #(0, 1) U_fall (rise_delay, in);
buf #1 U_all (all_delay, in);

endmodule
```

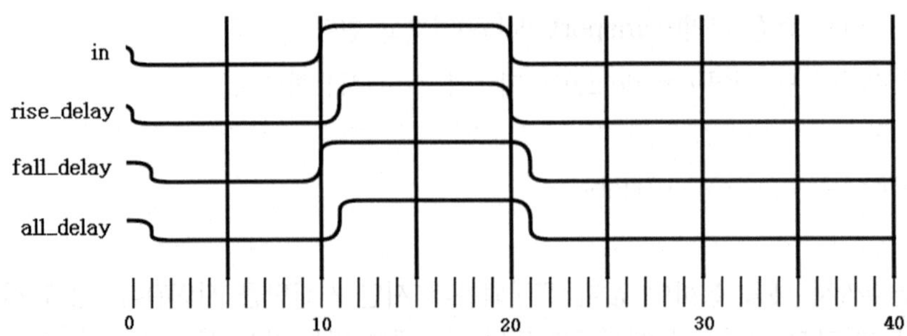

그림 7.7 실행 결과

그러면 다음과 같은 실행 결과가 나온다.

```
module delay_example ();
wire out1, out2, out3, out4, out5, out6;
reg b, c;

// the same delay for all transitions
or #5 u_or (out1, b, c);
// rise and fall times
and #(1, 2) u_and (out2, b, c);
//rise, fall, and turn-off times
nor #(1, 2, 3) u_nor (out3, b, c);        // 3상태 소자가 아니므로 turn-off time
                                          // 필요없으므로 에러가 될 것이다.
// one delay - min:typ:max
nand #(1:2:3) u_and (out4, b, c);
// two delays
buf #(1:4:8, 4:5:6) u_buf (out5, b, c);
// three delays
notif1 #(1:2:3, 4:5:6, 7:8:9) u_notif1 (out6, b, c);

initial begin
   $monitor
     ("B=%b C=%b OUT1=%b OUT2=%b OUT3=%b OUT4=%b OUT5=%b OUT6=%b",
       b, c, out1, out2, out3, out4, out5, out6);
   b = 0;
   c = 0;
   #10 b = 1;
   #10 c = 1;
   #10 b = 0;
   #10 $finish;
end

endmodule
```

7.6 게이트 수준 모델링 예

게이트 수준 코드의 한 예를 보인다. XOR 게이트를 구현한 것이다.

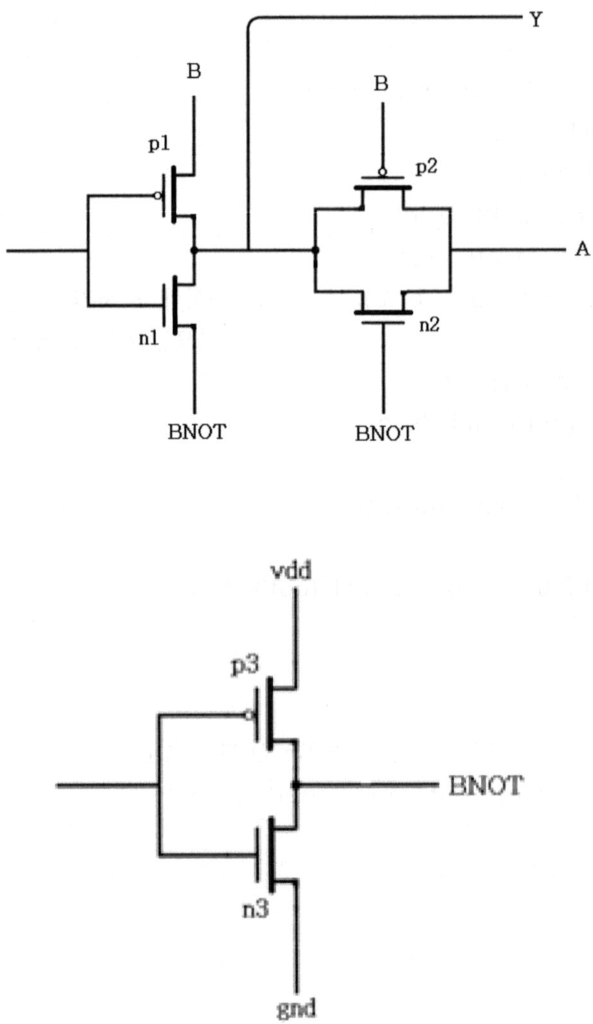

그림 7.8 XOR 게이트의 게이트 수준 모델링 예

```
module xor_example (Y, A, B);
input A, B;
output Y;
supply0 gnd;
supply1 Vdd;
wire BNOT;

pmos p3 (BNOT, Vdd, B);
nmos n3 (BNOT, gnd, B);
pmos p1 (Y, B, A);              // pmos (drain, source, gate)
nmos n1 (Y, BNOT, A);           // nmos (drain, source, gate)
pmos p2 (Y, A, B);
nmos n2 (Y, A, BNOT);

endmodule
```

연습문제

1. 다음 코드를 해석하라.

```
`timescale 1ns / 1ps
//create a NAND gate out of an AND and an Invertor
module some_logic_component (c, a, b);
// declare port signals
output c;
input a, b;
// declare internal wire
wire d;

// instantiate structural logic gates
and a1 (d, a, b); // d is output, a and b are inputs
not n1 (c, d);      // c is output, d is input

endmodule

// test the NAND gate
module test_bench; // module with no ports
reg A, B;
wire C;

// instantiate your circuit
some_logic_component S1(C, A, B);
```

```
// Behavioral code block generates stimulus to test circuit
initial
  begin
    A = 1'b0; B = 1'b0;
    #50 $display("A = %b, B = %b, Nand output C = %b \n", A, B, C);
    A = 1'b0; B = 1'b1;
    #50 $display("A = %b, B = %b, Nand output C = %b \n", A, B, C);
    A = 1'b1; B = 1'b0;
    #50 $display("A = %b, B = %b, Nand output C = %b \n", A, B, C);
    A = 1'b1; B = 1'b1;
    #50 $display("A = %b, B = %b, Nand output C = %b \n", A, B, C);
  end

endmodule
```

2. 다음 코드를 해석하라.

```
module bytecomp(q, a, b);
output q;
input [0:7] a, b;
wire [0:7] t, u, bbar, w1, w2, w3;

not n1 [0:7] (bbar, b); // 8개 not gates
and n2 [0:7] (w1, bbar, a); // 8개 and gates
and n3 [0:7] (w2, bbar, u);
and n4 [0:7] (w3, a, u);
or n5 [0:7] (t, w1, w2, w3);
assign u[7] = 0; // wire-to-wire
assign u[0:6] = t[1:7]; // connection
assign q = t[0];

endmodule
```

3. 다음은 아래의 회로를 구현한 Verilog 코드이다. 무엇을 하는 회로인가?

```
module abc (a, b, c, d, s1, s0);
    input s1, s0;
    output a, b, c, d;

    not (s1_, s1), (s0_, s0);
    and (a, s1_, s0_);
    and (b, s1_, s0);
    and (c, s1, s0_);
    and (d, s1, s0);

endmodule
```

8

CHAPTER

사용자 정의 기본 게이트 (User-Defined Primitive : UDP)

학습목표

- UDP에 대해서 공부한다
- UDP 포트의 규칙에 대해서 살펴본다
- UDP에서 사용하는 특수 기호를 살펴본다
- 조합 논리의 UDP 몸체 부분을 어떻게 작성하는지 살펴본다
- 수준 반응 순차 논리의 UDP 몸체 부분을 어떻게 작성하는지 살펴본다
- 모서리 반응 순차 논리의 UDP 몸체 부분을 어떻게 작성하는지 살펴본다

8.1 UDP란 무엇인가?

Verilog는 게이트 수준 모델링에서 보았던 게이트, 전송 게이트, 및 스위치 같은 기본 요소를 내장하고 있다. 좀 더 복잡한 기본 요소를 필요로 한다면 이것들이 충분하지 않을 수 있다. Verilog는 사용자가 기본 요소를 정의할 수 있도록 지원해준다. 이것을 **사용자 정의 기본 게이트(user-defined primitive: UDP)**라고 한다. UDP를 이용하여 조합 논리와 순차 논리를 모델링 할 수 있다. 완전한 ASIC 라이브러리 모델을 모델링 할 수 있도록 타이밍 정보를 포함할 수도 있다.

UDP는 module 정의와 같은 형태를 갖는다. **primitive~endprimitive**로 묶는다. UDP는 module-endmoule 밖에서 정의되어야 한다. 다음은 UDP 정의의 템플릿을 보여준다.

```
primitive udp_example(a, b, c, d);
output a;
input b, c, d;

// UDP 함수 코드는 여기에 나타난다.

endprimitive
```

8.2 UDP 포트의 규칙

UDP 포트의 규칙은 다음과 같다. UDP 포트 신호로 출력은 단 하나이고 입력은 최대 10개까지 포함될 수 있다. 첫 번째 신호가 항상 출력이고 그 다음의 나머지 신호들이 입력이다. 스칼라 신호만 허용되고 벡터 신호는 허용되지 않는다. UDP는 양방향 신호를 허용하지 않는다. 순차적 UDP는 출력 포트에 대한 reg 자료형 선언을 추가로 해야 한다.

8.3 UDP에서 사용하는 특수 기호

UDP 몸체에서 상승 에지, don't-care 조건 등 다음과 같은 **특수한 기호**를 사용할 수 있다.

기호	해석	주석
0	0 상태	
1	1 상태	
x	모르는 상태	
?	0, 1, 그리고 x의 반복	출력 필드에서는 사용 불가
b	0과 1의 반복	출력 필드에서는 사용 불가
-	변화 없음	출력 필드에서만 사용 가능
(vw)	v에서 w로의 값 변화	v와 w는 0, 1, x, ?, 혹은 b를 가질 수 있다.
*	(??)	어떠한 값 변화
r	(01)	상승 에지
f	(10)	하강 에지
p	(01), (0x), 그리고 (x1)	양수 에지
n	(10), (1x), 그리고 (x0)	음수 에지

8.4 UDP 몸체(Body)

UDP 몸체(UDP body)는 **table~endtable**로 묶는다. 순차적 UDP의 경우 initial을 이용하여 출력에 초기값을 줄 수 있다. UDP 몸체의 예를 다음에 보였다. 간단하게 a = b | c 를 구현해본다. UDP에서는 z를 입력으로 사용하지 않는 것에 주의하라. 여기서 ?는 0, 1, 및 x 중 어떤 것이 와도 된다는 무정의 (don't-care) 조건을 의미한다. UDP 몸체에 있는 입력 신호의 순서는 UDP 포트 신호에서 선언된 순서와 일치해야 한다. 각 행에서 입력과 출력은 콜론 (:)으로 구분해야 하고 세미콜론 (;)으로 끝내야한다. 새로운 입력이 들어오면 table 내에 있는 각 행의 입력과 비교하여 해당되는 행의 값을 출력으로 낸다. 일치하는 행이 없으면 x출력을 낸다.

```
primitive udp_or_example(a, b, c);
output a;
input b, c;

// UDP 몸체 a = b | c
table
// b c : a
   ? 1 : 1;
   1 ? : 1;
   0 0 : 0;
endtable

endprimitive
```

좀 더 복잡한 예제로 **다수결 논리(majority logic)**를 구현해 보면 다음과 같다.

```
primitive udp_majority_ex(a, b, c, d);
output a;
input b, c, d;

// UDP 몸체 a= majority (b, c, d)
table
// b c d : a
   // 0이 나오는 경우
   0 0 ? : 0;
   0 ? 0 : 0;
   ? 0 0 : 0;
   // 1이 나오는 경우
   1 1 ? : 1;
   1 ? 1 : 1;
   ? 1 1 : 1;
   // 나머지는 x가 나오는 경우인데 생략해도 된다
endtable

endprimitive
```

다음은 initial을 이용하여 초기값을 준 예이다.

```
primitive udp_or_initial(a, b, c);
output a;
input b, c;

initial begin
   a=1'b1;
end

table
   // a = b | c
   //b   c:   a
     ?   1:   1;
     1   ?:   1;
     0   0:   0;
endtable

endprimitive
```

같은 입력 조합에 서로 다른 출력값을 주면 잘못된 것이다.

8.5 수준 반응 순차 논리 UDP

수준 반응(level-sensitive) 순차 논리는 출력을 reg 자료형으로 선언하는 것과 각 행에 입력과 출력 사이에 부수적인 현재의 상태를 포함하는 것을 제외하고는 조합 논리 때와 같다. 마찬가지로 입력, 현재 상태, 및 출력을 콜론으로 구분한다.

다음은 래치를 UDP로 구현한 예를 보여준다. 여기서 -는 변화가 없다는 뜻이다. 이것은 낮은 수준에서 d 입력을 받아 q 출력으로 저장하는 래치임을 알 수 있다.

```
primitive udp_latch_initial (q, clk, d);
output q;
input clk, d;
reg q;

table
   //clk   d:   q:   q+
     0     1:   ?:   1;
     0     0:   ?:   0;
     1     ?:   ?:   -;
endtable

endprimitive
```

8.6 모서리 반응(Edge-Sensitive) 순차 논리 UDP

수준 반응(level-sensitive) 래치는 현재의 상태와 입력에 의해서 출력이 결정된다. **모서리 반응(edge-sensitive)** 순차 논리는 클록의 어떤 모서리에서 출력이 변하므로 동작하는 것이 다르다.

```
primitive udp_sequential_ex (q, clk, d);
output q;
input clk, d;
reg q;

table
   //clk    d:    q:  q+
     (01)    0:    ?:  0;
     (01)    1:    ?:  1;
     (0?)    1:    1:  1;
     (0?)    0:    0:  0;
   // ignore negative edges of clk
     (?0)    ?:    ?:  -;
   // ignore d changes on the steady clk
     ?    (??):    ?:  -;
endtable

endprimitive
```

다음은 초기값을 가진 순차 논리 UDP이다.

```
primitive udp_sequential_initial (q, clk, d);
output q;
input clk, d;
reg q;

initial begin
   q = 0;
end

table
   //clk    d:    q:  q+
      (01)   0:    ?:  0;
      (01)   1:    ?:  1;
      (0?)   1:    1:  1;
      (0?)   0:    0:  0;
   // ignore negative edges of clk
      (?0)   ?:    ?:  -;
   // ignore d changes on the steady clk
      ?   (??):    ?:  -;
endtable

endprimitive
```

연습문제

1. UDP에서 ?은 무엇을 의미하는가?

2. T F/F에 대한 UDP을 만들어 보라.

9

CHAPTER

Verilog 동작적(Behavioral) 모델링

학습목표

- 동작적 모델링에 대해서 설명한다
- 절차적 블록에 대해서 설명한다
- 순차적 블록과 병렬적 블록에 대해서 설명한다
- 방해(blocking) 할당과 비방해(non-blocking) 할당에 대해서 설명한다
- if-else와 case 문에 대해서 설명한다
- forever, repeat, while, 및 for와 같은 순환문에 대해서 설명한다
- 연속적 할당에 대해서 설명한다
- 절차적 블록을 사용하여 순차 논리와 조합 논리를 구현한다

9.1 Verilog HDL의 추상화(Abstraction) 수준

추상화 수준으로 다음과 같이 3가지가 있다. 보통 C와 같은 고급언어와 같이 흐름 제어 구문을 사용하며 논리를 구현하는 가장 높은 **추상화**(abstraction) 수준인 **동작적 모델링**(behavioral modelling), **레지스터 전송 수준**(register transfer level: RTL)으로 모델링하는 RTL 모델링, 및 게이트 수준에서 모델링하는 **구조적 수준**(structural level)이 있다.

9.2 절차적(Procedural) 블록

Verilog 동작적 코드는 initial과 always라는 **절차적 블록**(procedural block) 내에 보통 존재한다. 블록 밖에도 존재할 수도 있다. 전개하면서 자세히 보게 될 것이다.

initial 블록은 실행되는 최초 시간 t=0에서 한번만 실행되는 블록이고, **always** 블록은 계속해서 실행되는 블록을 의미한다.

```
module initial_example();
reg clk, reset, enable, data;

initial begin
    clk = 0;
    reset = 0;
    enable = 1;
    data = 0;
end

endmodule
```

위 예제에서 initial 블록 내의 4문장이 t=0일 때 한번만 실행된다.

다음의 always 블록은 clk의 상향 모서리(positive edge)의 값이 바뀌는 **사건(event)**이 발생할 때마다 항상 always 블록 내의 문장들이 실행된다.

```
module always_example();
reg clk, reset, enable, din d_out;

always @ (posedge clk) begin
   if (reset)
      d_out <= 0;
   else if (enable)
      d_out <= d_in;
   end
end

endmodule
```

절차적 블록 내에서 reg, integer, real, 및 time 자료형에 값을 할당할 수 있지만 net (wire, tri, trireg, wand, wor, tri0, tri1, triand, trior, supply0, supply1) 자료형에는 값을 할당할 수 없다. 레지스터 자료형에는 선언문에서 초기값을 줄 수 있다. 그리고 벡터 선언문에서는 초기값을 줄 수 있으나 배열에서는 허용되지 않으므로 조심해야 한다.

9.3 순차적(Sequential) 블록과 병렬적(Parallel) 블록

앞에서 보아온 **begin**과 **end**로 묶인 문장들은 블록 내의 한 문장이 실행되고 완료되면 다음 문장이 실행된다. 이에 반하여 **fork**와 **join**으로 묶인 문장은 블록 내의 모든 문장이 동시에 실행된다.

다음 두 코드의 실행 결과를 비교한다. 여기에서 문장 앞의 크로스해치 (**#**)와 숫자는 그 문장이 그 숫자 단위 시간 만큼 지연되어 실행된다는 뜻이다. 즉 #10은 10 단위 시간만큼 지연시키라는 뜻이다.

```
module initial_begin_end();
reg clk, reset, enable, data;

initial begin
    #1 clk = 0;
    #10 reset = 0;
    #5 enable = 1;
    #3 data = 0;
end

endmodule
```

첫 번째 문장은 1 단위 시간에 실행하여 완료되면 두 번째 문장이 11 단위 시간에, 세 번째 문장은 16 단위 시간에, 네 번째 문장은 18 단위 시간에 순차적으로 실행되어 위 코드의 실행 결과를 표로 나타내면 다음과 같다.

시간	clk	reset	enable	data
0	x	x	x	x
1	0	x	x	x
11	0	0	x	x
16	0	0	1	x
18	0	0	1	0

```
module initial_fork_join();
reg clk, reset, enable, data;

initial fork
    #1 clk = 0;
    #10 reset = 0;
    #5 enable = 1;
    #3 data = 0;
join

endmodule
```

위 코드를 실행하면 첫 번째 문장은 1 단위 시간에, 두 번째 문장은 10 단위 시간에, 세 번째 문장은 5 단위 시간에, 네 번째 문장은 3 단위 시간에 동시에 실행이 되므로 다음 표와 같이 실행된다.

시간	clk	reset	enable	data
0	x	x	x	x
1	0	x	x	x
3	0	x	x	0
5	0	x	1	0
10	0	0	1	0

다음과 같이 begin-end와 fork-join이 혼용이 되어도 무방하다. 그리고 begin이나 fork 뒤에 콜론 (:)을 붙이고 WHOLE이나 FORK_STATE 같이 이름을 주면 **명명된 블록(named block)**이 된다. 달러 ($)로 시작하는 함수는 시스템 함수라고하며 Verilog가 지원하는 유용한 함수들을 의미한다. 나중에 다시 설명하겠지만 **$display**는 **인수(argument)**로 주어진 문자열을 화면으로 출력하라는 시스템 함수이다. 그리고 **$finish**는 시뮬레이션을 멈추라는 시스템 함수이다.

```
module initial_fork_join();
reg clk, reset, enable, data;

initial begin : WHOLE
    $display("Simulation starts.\n");
    fork : FORK_STATE
        #1 clk = 0;
        #10 reset = 0;
        #5 enable = 1;
        #3 data = 0;
    join
    $display("Simulation ends.\n");
    #20 $finish;
end

endmodule
```

9.4 방해(Blocking) 할당과 비방해(Non-blocking) 할당(assignment)

할당하는데 두 가지 종류가 있다. 보통 =로 할당하면 **방해 할당(blocking assignment)** 이라고 한다. 이 할당을 실행하면 다음에 나오는 문장들의 실행을 방해하기 때문에 그렇게 이름이 붙여졌다. 그래서 문장들이 순차적으로 실행된다. 이에 반하여 **비방해 할당(non-blocking assignment)**는 다음 문장들의 실행을 방해하지 않기 때문에 앞에서 본 fork-join으로 묶인 블록처럼 병렬적으로 실행되도록 하며 기호로는 =>로 쓴다. 좀 더 자세히 얘기하면 방해 할당은 **우변(right hand side: RHS)**을 먼저 **평가(evaluation)**한 뒤 **좌변(left hand side: LHS)**에 바로 할당하는 반면에 비방해 할당은 평가한 뒤 값의 변화를 다음 시뮬레이션 단위 시간 단계에서 발생하도록 **사건 큐(event queue)**에 저장시킨다. 그래서 다음 시뮬레이션 단위 시간에서 값이 실제로 변한다.

다음 코드를 실행하였을 때 실행 결과를 비교해보자.

```
module blocking_nonblocking();
reg a, b, c, d;

// 방해 할당 예
initial begin
   #1 a = 0;
   #2 a = 1;
   #3 a = 0;
   #4 a = 1;
end

// 비방해 할당 예
initial begin
   #1 b <= 0;
   #2 b <= 1;
   #3 b <= 0;
   #4 b <= 1;
end

// 전달지연을 가진 방해 할당 예
initial begin
   c = #1 0;
   c = #2 1;
   c = #3 0;
   c = #4 1;
end

// 전달지연을 가진 비방해 할당 예
initial begin
   d <= #1 0;
   d <= #2 1;
```

```
    d <= #3 0;
    d <= #4 1;
end

initial begin
    $display("TIME = %b\t A = %b B = %b C = %b D = %b", $time, a, b, c,
d);
    #12 $finish;
end

endmodule
```

TIME	A	B	C	D
0	x	x	x	x
1	0	0	0	0
2	0	0	0	1
3	1	1	1	0
4	1	1	1	1
6	0	0	0	1
10	1	1	1	1
12	1	1	1	1

이것에 대한 타이밍도를 그리면 다음과 같다.

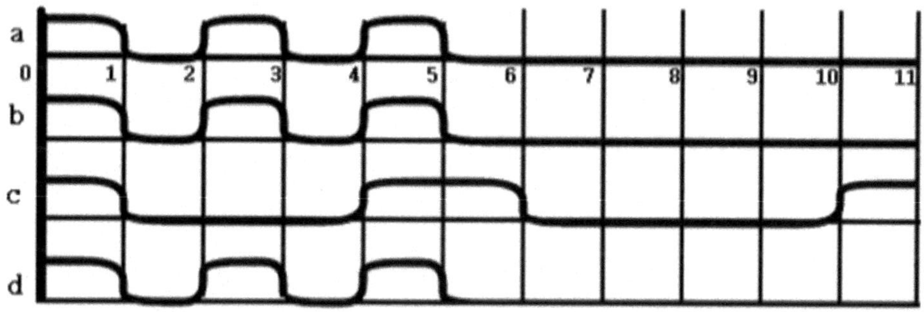

그림 9.1 방해 및 비방해 할당의 예에 대한 타이밍도

9.5 if-else 조건문

코드의 흐름 제어를 위해 **if-else 조건문(conditional statement)**을 사용한다. 앞의 예들에서 보았듯이 여러 문장을 블록으로 나타낼 경우는 begin~end로 묶는다. 다음은 if만 있는 코드이다. enable이나 din에 사건이 생기면 always문이 실행되는데 만약 enable에 높은 수준이 들어오면 din값이 dout으로 출력된다.

```
module d_latch(enable, din, dout);
input enable, din;
output dout;
reg dout;
wire enable, din;

always @ (enable or din)
    if(enable)
        dout <= din

endmodule
```

다음은 if와 else가 있는 코드이다. clk의 상승 모서리에서 always문이 실행되며 reset에 높은 수준이 들어오면 dout은 0이 되고 그렇지 않은 경우엔 din이 dout으로 출력된다.

```
module d_latch(clk, reset, din, dout);
input clk, reset, din;
output dout;
reg dout;
wire clk, din, reset;

always @ (@posedge clk)
    if(reset)
        dout <= 0
    else
        dout <= din;

endmodule
```

9.6 case 문

이 **case 문**은 변수를 여러 가지 경우와 비교를 해서 해당 문장이나 문장 그룹을 실행한다. 문장 그룹을 실행할 때는 begin~end로 묶어준다. 해당되는 경우가 없으면 마지막의 **default** 경우가 실행된다. **case**는 **endcase**로 끝낸다.

다음은 4:1 **다중화기(multiplexer: MUX)**를 case문으로 구현한 코드이다.

```
module mux(a, b, c, d, sel, y);
input a, b, c, d;
input [1:0] sel;
output y;
reg y;;

always @ (a or b or c or d or sel)
   case(sel)
      0: y = a;
      1: y = b;
      2: y = c;
      3: y = d;
      default: $display("Error in sel\n");
   endcase

endmodule
```

casex는 x와 z를 무정의(don't-care) 조건으로 간주하고 **casez**는 z만 무정의 조건으로 간주하는 것 외에는 같은 방식으로 처리된다. 이들도 모두 endcase로 끝낸다.

다음은 3가지 경우를 비교하는 코드이다. casex나 casez에서 z를 ?로 나타내도 된다.

```
module case_comparison(sel);
input sel;

always @ (sel)
   case(sel)
      1'b0: $display("CASE: logic 0 on sel");
      1'b1: $display("CASE: logic 1 on sel");
      1'bx: $display("CASE: logic x on sel");
      1'bz: $display("CASE: logic z on sel");
   endcase

always @ (sel)
   casex(sel)
      1'b0: $display("CASEX: logic 0 on sel");
      1'b1: $display("CASEX: logic 1 on sel");
      1'bx: $display("CASEX: logic x on sel");
      1'bz: $display("CASEX: logic z on sel");
   endcase

always @ (sel)
   casez(sel)
      1'b0: $display("CASEZ: logic 0 on sel");
      1'b1: $display("CASEZ: logic 1 on sel");
      1'bx: $display("CASEZ: logic x on sel");
      1'bz: $display("CASEZ: logic z on sel");
   endcase

endmodule
```

첫 번째의 case인 경우 sel 값에 0, 1, x, z가 들어 올 경우 해당 경우에 대해서 각각 반응한다. 그러나 두번째 casex의 경우 sel에 들어온 0과 1에 대해서 해당 경우에 대해서 반응하고 x나 z가 들어오면 무정의 조건으로 간주하므로 첫 번째 경우로 간주되어 CASEX: logic 0 on sel이 표시된다. 그리고 세 번째 casez의 경우 0, 1, x에 대해서 해당 경우에 대해서 반응하고 z가 들어오면 무정의 조건으로 간주하므로 첫 번째 경우로 간주되어 CASEZ: logic 0 on sel이 표시된다.

9.7 순환(Looping) 문

반복해서 실행시키는 **순환(looping) 문**으로 forever, repeat, while, 및 for가 있다.

9.7.1 forever 순환문

forever 순환문을 사용할 때 지연 제어를 사용하지 않으면 무한 순환이 될 수 있으므로 주의해야 한다. 다음 코드는 clk이 시뮬레이션 시작 시간에서 0에서 출발하여 5 단위 시간마다 반전하므로 주기가 10 단위 시간인 클록을 발생한다.

```
module forever_example();

reg clk;

initial begin
   clk = 0;
   forever
      #5 clk = ~clk;
end

initial begin
   $monitor("Time = %d CLK = %b", $time, clk);
   #50 $finish
end

endmodule
```

9.7.2 repeat 순환문

repeat 순환문은 고정된 횟수만큼 반복할 때 사용하는 문장이다.
사용 예는 다음과 같다.

```
repeat(<number>) <statement>
```

이것을 사용한 코드를 아래에 보였다.

```
module repeat_example();
reg x;

initial begin
   x = 0;
   repeat(16) begin
      #2 $display("X=%d", x);
      x = x +1;
   end
end

endmodule
```

9.7.3 while 순환문

while 순환문은 수식이 참으로 평가되는 동안 계속 반복된다. 수식이 거짓, z, 및 x로 평가되면 while 루프에서 빠져나온다.

```
module while_example();
reg [5:0] loc;
reg [7:0] data;

always @(data or loc) begin
    loc = 0;
    // if data = 0, loc = 32 (invalid)
    if(data == 0)
        loc = 32;
    else begin
        while(data[0] == 0) begin
            loc = loc + 1;
            data = data >> 1;
        end
    end
    $display("LOCATION=%d DATA=%d", loc, data);
end

initial begin
    #1 data = 8'b11;
    #1 data = 8'b100;
    #1 data = 8'b0;
    #1 $finish;
end

endmodule
```

9.7.4 for 순환문

for 순환문은 일단 첫 번째 식으로 주어진 초기값으로 일단 루프를 한번 실행하여 마지막 식으로 주어진 다음 단계의 식을 수행한 뒤 중간에 있는 식이 참으로 되는 동안 계속 실행된다.

사용 예는 다음과 같다.

```
for(<initial_assignment>; <expression>; <step_assignment>) <statement>
```

```
module for_example();
integer i;
reg [7:0] ram[0:255];

initial begin
   for(i = 0; I <= 63; i= i+1) begin
      #1 $display("ADDRESS=%d DATA=%d", I, ram[i]);
      ram[i] = 0; //0으로 초기화
      #1 $display("ADDRESS=%d DATA=%d", I, ram[i]);
   end
   #1 $finish;
end

endmodule
```

9.8 연속적 할당문(Continuous Assignment)

연속적 할당문(continuous assignment)은 net 자료형에 절차적 문 밖에서 구동할 때 사용한다. 구조적 연결을 나타낸다.

1. 삼상(tri-state) 버퍼를 모델링할 때 사용한다.
2. 조합 논리를 구현할 때 사용한다.
3. 절차적 블록 밖에서 사용된다.
4. 어떤 절차적 할당을 뒤엎는다(override).
5. 연속적 할당의 좌측(LHS)는 net 자료형이어야 한다.

사용 예는 다음과 같다.

```
assign (<strength>, <strength>) #<delay> <net> = <expression>;
```

다음은 assign을 이용한 코드이다.

```
module assign_example();
reg a, b;
wire sum, carry;

assign #5 {sum, carry} = a + b;

initial begin
   $monitor("A=%b B=%b CARRY=%b SUM=%b", a, b, carry, sum);
   #10 a = 0;
   b = 0;
   #10 a = 1;
   #10 b = 1;
   #10 a = 0;
   #10 b = 0;
   #10 $finish;
end

endmodule
```

위의 코드는 한 비트 덧셈기이다. 만약 네 비트 덧셈기를 구현하고 싶으면 다음과 같이 신호를 네 비트 벡터로 선언하면 된다.

```
module assign__vector_example();
reg [3:0] a, b;
reg [3:0] sum;
reg carry;

assign #5 {sum, carry} = a + b;

initial begin
    $monitor("A=%d B=%d CARRY=%b SUM=%d", a, b, carry, sum);
    #10 a = 8;
    b = 7;
    #10 a = 10;
    #10 b = 15;
    #10 a = 0;
    #10 b = 0;
    #10 $finish;
end

endmodule
```

삼상태 버퍼의 코드를 다음에 보였다.

```
module assign_example1();
reg enable, data_in;
wire data_out;

assign #5 data_out = (enable) ? data_in : 1'bz;

initial begin
   $monitor("ENABLE=%b DATA_IN=%b DATA_OUT=%b",
      enable, data_in, data_out);
   #1 enable = 0;
   #1 data_in = 1;
   #1 enable = 1;
   #1 data_in = 0;
   #1 enable = 0;
   #1 $finish;
end

endmodule
```

9.9 절차적 블록을 사용하여 순차 논리 구현하기

절차적 블록은 시뮬레이션 시간 0에서 시작한다. 시뮬레이션 시작을 **기동(trigger)**하기 위해 수준(level)이나 모서리(edge)에 맞춰 기동시킬 수 있다.

```
module dlatch_example();
reg q;
reg d enable;

always @(enable or d)
   if(enable)
      q = d; //if에 대한 else가 없어 래치 문제가 생길 수 있다

initial begin
   $monitor("ENABLE=%b D=%b Q=%b", enable, d, q);
   #1 enable = 0;
   #1 d = 1;
   #1 enable = 1;
   #1 d = 0;
   #1 a = 1;
   #1 b = 0;
   #1 enable = 0;
   #10 $finish;
end

endmodule
```

위에서 enable이나 d에서 어떤 사건이 발생하면 always 절차적 블록이 계속 실행된다.

9.10 절차적 블록을 사용하여 조합 논리 구현하기

조합 논리를 구현하기 위해서 절차적 블록은 입력의 어떤 변화에 반응해야 한다. if로 조건을 체크할 때는 반드시 else로 언급하든가 0으로 초기화한 뒤 조건 체크를 해야 한다. 그렇지 않으면 **래치 문제(latch problem)**가 생긴다.

```
module assign_example();
reg a, b;
wire sum, carry;

always @(a or b)
assign #5 {sum, carry} = a + b;

initial begin
   $monitor("A=%b B=%b CARRY=%b SUM=%b", a, b, carry, sum);
   #10 a = 0;
   b = 0;
   #10 a = 1;
   #10 b = 1;
   #10 a = 0;
   #10 b = 0;
   #10 $finish;
end

endmodule
```

래치 문제가 생기지 않게끔 하려면 다음 중의 어느 한 방법을 택해야 한다.

첫 번째로 if에 대해서 else를 사용하는 것이다.

```
module dlatch_using_else_example();
reg q;
reg d enable;

always @(enable or d)
   if(enable)
      q = d;
   else
      q = 0;

initial begin
   $monitor("ENABLE=%b D=%b Q=%b", enable, d, q);
   #1 enable = 0;
   #1 d = 1;
   #1 enable = 1;
   #1 d = 0;
   #1 a = 1;
   #1 b = 0;
   #1 enable = 0;
   #10 $finish;
end

endmodule
```

혹은 다음과 같이 초기값 0으로 할당하고 시작하는 방법이 있다.

```
module dlatch_using_else_example();
reg q;
reg d enable;

always @(enable or d) begin
   q = 0;
   if(enable)
      q = d;
end

initial begin
   $monitor("ENABLE=%b D=%b Q=%b", enable, d, q);
   #1 enable = 0;
   #1 d = 1;
   #1 enable = 1;
   #1 d = 0;
   #1 a = 1;
   #1 b = 0;
   #1 enable = 0;
   #10 $finish;
end

endmodule
```

연습문제

1. D F/F 3개를 직렬 연결시킨다. 입력과 출력을 Ain, Bin, 및 Cin; Aout, Bout, 및 Cout이라고 하자. 클록의 상승 모서리에서 첫 번째 F/F의 입력은 Ain, 두 번째 F/F의 입력은 Bin = Aout + 1, 그리고 세 번째 입력은 Cin = Bout + 1가 되게 인가시키고 싶다. 이를 구현하는 Verilog 코드를 작성하라.

2. 8비트 one-hot 부호화된 것을 3 비트의 Gray 코드로 변환하는 코드를 작성하라.

3. 4비트 입력 신호 두 개 A0, A1를 4 비트 출력 신호 C로 다중화하는 코드를 작성하라.

4. 8비트 입력 신호의 우수(even) 패리티를 검사하는 코드를 작성하라.

5. 다음 코드를 해석하라.

```
module (in1, sel, out2);
input [1:0] in1;
input [2:0] sel;
output [13:0] out2;
reg [15:0] out2;
integer I;

always @(in1 or sel) begin
    out2 = 14'h0; /* default = 00 */
    for (I = 0; I <= 7; I = I+1)
        if (I == sel) begin
            out2[I] = in1[0];
            out2[I+1] = in1[1];
        end
end

endmodule
```

6. 다음은 무엇을 하는 코드인가?

```
module (in1, sel, out2);
input [1:0] in1;
input [2:0] sel;
output [15:0] out2;
reg [7:0] select;

/* address decoder */
always @(sel)
   case (sel)
      3'b000 : select = 8'b00000001;
      3'b001 : select = 8'b00000010;
      3'b010 : select = 8'b00000100;
      3'b011 : select = 8'b00001000;
      3'b100 : select = 8'b00010000;
      3'b101 : select = 8'b00100000;
      3'b110 : select = 8'b01000000;
      3'b111 : select = 8'b10000000;
   endcase
assign out2[1:0] = in1 & select[0];
assign out2[3:2] = in1 & select[1];
assign out2[5:4] = in1 & select[2];
assign out2[7:6] = in1 & select[3];
assign out2[9:8] = in1 & select[4];
assign out2[11:10] = in1 & select[5];
assign out2[13:12] = in1 & select[6];
assign out2[15:14] = in1 & select[7];

endmodule
```

7. 다음 두 코드를 해석하고 비교해보아라.

```
always @(a or b)
   casex (a)
      2'b00 : b = 4'b0001;
      2'b01 : b = 4'b0010;
      2'b10 : b = 4'b0100;
      2'b11 : b = 4'b1000;
      default : b = 4'bxxxx;
   endcase
```

```
always @(a or b)
   case (a)
      2'b00 : b = 4'b0001;
      2'b01 : b = 4'b0010;
      2'b10 : b = 4'b0100;
      default : b = 4'b1000;
   endcase
```

8. 다음은 무엇을 하는 코드인가?

```
module shiftReg (CLK, clr, shift, ld, Din, SI, Dout);
input CLK;
input clr; // clear register
input shift; // shift
input ld; // load register from Din
input [7:0] Din; // Data input for load
input SI; // Input bit to shift in
output [7:0] Dout;
reg [7:0] Dout;

always @(posedge CLK) begin
    if (clr) Dout <= 0;
    else if (ld) Dout <= Din;
    else if (shift) Dout <= { Dout[6:0], SI };
end

endmodule
```

10 CHAPTER

절차적 블록에서의 타이밍 제어

학습목표

- 절차적 블록에서의 타이밍 제어에 대해서 설명한다
- 문장 실행 지연, 모서리 발생을 기다리는 지연에 대해서 설명한다
- 내부 할당 지연과 영 (zero) 지연에 대해서 설명한다
- Wait문에 대해서 설명한다
- 사건 기반 타이밍 제어에 대해서 설명한다

절차적 블록에서 타이밍 제어로는 지연(delay) 제어, 모서리 반응(edge-sensitive) 사건(event)제어, 수준 반응(level-sensitive) 사건 제어, 및 이름을 가진 사건 등으로 나누어 진다.

10.1 지연 제어

절차적 문장을 지정된 시간만큼 실행을 지연시킨다. #1 clk = ~clk 문은 1 단위 시간이 경과할 때 마다 값을 계속해서 반전하므로 0, 1, 0, 1, …로 값이 바뀐다. 여기서 시스템 함수 $monitor는 인수로 있는 reset이나 clk에 사건이 발생할 때마다 실행된다. 그래서 단 한번만 실행되는 $display와 형식은 비슷하나 전혀 다르게 실행된다.

사용 예는 다음과 같다.

```
#<time> <statement>;
```

```
module clock_generator();
reg clk, reset;

initial begin
   $monitor("RESET = %b\t CLK = %b", reset, clk);
   clk = 0;
   reset = 0;
   #2 reset = 1;
   #5 reset = 0;
   #10 $finish;
end

always
   #1 clk = ~clk;

endmodule
```

그래서 위 코드가 실행되면 다음과 같이 실행된다. 17 단위 시간에서 실행을 멈춘다.

시간	clk	reset
0	0	0
1	1	0
2	0	1
3	1	1
4	0	1
5	1	1
6	0	1
7	1	0
8	0	0
9	1	0
10	0	0
11	1	0
12	0	0
13	1	0
14	0	0
15	1	0
16	0	0
17	1	0

10.2 모서리 반응(Edge-Sensitive) 사건(Event) 제어

신호에서 해당 모서리가 발생할 때까지 실행을 지연시킨다.

사용 예는 다음과 같다.

@ (posedge | negedge <signal_name>) <statement>;

여기서 at (**@**)는 뒤에 나오는 조건이 만족될 때라는 뜻이다.

```
module edge_sensitive_example();
reg enable, clk, trigger;

always @(posedge enable) begin
   trigger = 0;
   // wait for 5 clock rising edges
   repeat(5)
      @(posedge clk)
   trigger = 1;

initial begin
   $monitor("Time = %d CLK = %b ENABLE = %b TRIGGER = %b", $time, clk,
    enable, trigger);
   clk = 0;
   enable = 0;
   #5 enable = 1;
   #1 enable = 0;
   #10 enable = 1;
   #1 enable = 0;
   #10 $finish;
end

always
   #1 clk = ~clk;

endmodule
```

10.3 내부 할당(Intra Assignment) 타이밍 제어

내부 할당(intra assignment)은 우측 식을 먼저 평가하고 지연 단위 시간 만큼 지연 후 좌측에 할당한다. 사용 예는 다음과 같다.

```
<net or reg> = #<delay> <expression>;
```

그에 반하여 **비내부 할당(non-intra assignment)**에서는 우측 식은 지연이나 사건 후에 평가되어 진다.

```
module intra_assign_example();
reg a, b;

initial begin
   $monitor("Time = %d A = %b B = %b C = %b", $time, a, b, c);
   a = 1;
   b = 0;
   a = #5 0;
   b = a;
   #10 $display("Time = %d A = %b B = %b C = %b", $time, a, b, c);
   $finish;

endmodule
```

다음을 실행하면 다음과 같다.

시간	a	b
0	1	0
5	0	0
15	0	0

절차적 할당에서 지연이 생기는 여러 경우를 다음 그림에 보였다.

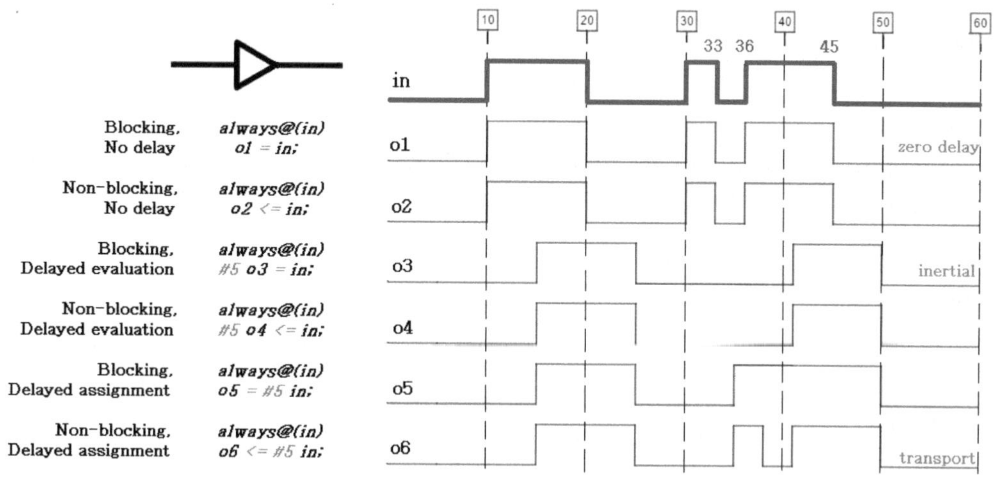

그림 7.1 절차적 할당에서의 지연

절차적 할당에서 지연을 주는 규칙을 설명한다. 조합 논리의 경우는 다음과 같다.

지연 종류	Verilog 구문
지연 없음	a = b
전송 지연	#5 a = b
관성 지연	a <= #5 b; assign #5 a = b

10.4 0(Zero) 지연 제어

다른 always나 initial로 시작하는 절차적 블록 내의 할당은 같은 시뮬레이션 시간에 무작위로이루어진다. **0 지연 제어(zero delay control)**는 다른 모든 문장이 그 시뮬레이션 시간에 실행된 뒤 마지막으로 실행되게 하는 방법이다. 이것은 어느 것이 먼저 실행되는가에 값이 달라지는 **경주(race)**를 피하게 하는 방법이다. 여러 개의 0 지연이 있으면 이들은 또한 무작위로 수행될 것이다. 그래서 이것의 사용은 권장되지 않는다.

이것에 대한 예제 코드를 다음에 보였다.

```
module zero_delay_example();
reg a, b;

initial begin
    $monitor("Time = %d A = %b B = %b", $time, a, b);
    a = 0;
    b = 0;
end

initial begin  //위의 initial 절차적 블록보다 조금 늦게 실행될 것이다
    #0 a = 1;
    #0 b = 1;
end

endmodule
```

위의 예제에서 시뮬레이션 단위 시간 0에서 a와 b는 0으로 초기화된 뒤 둘 다 1로 변할 것이다. 그렇지만 a와 b중에 어느 것이 먼저 1로 될지는 무작위이다.

10.5 wait 문

wait 문에서는 인수의 식이 참으로 평가될 때까지 기다리다가 참이 되면 다음 문장이 실행된다.

사용 예는 다음과 같다

wait(<expression>)

이것을 사용하는 코드를 아래에 보였다.

```
module wait_example();
reg mem_read, data_ready;
reg [7:0] data_bus, data;

always @(mem_read or data_bus or data_ready) begin
   data = 0;
   while(mem_read == 1'b1) // memory read cycle
      wait(data_ready == 1'b1) #1 data = data_bus // data bus에 데이터가 실리면
                                                   // 이것을 입력 버퍼 data에 넣음
end

initial begin
   $monitor("Time = %d READ = %b READY = %b DATA = %b", $time,
      mem_read, data_ready, data);
   data_bus = 0;
   b = 0;
   mem_read = 0;
   data_ready = 0;
   #10 data_bus = 81h8a;
   #10 mem_read = 1;
   #20 data_ready = 1;
   #1 mem_read =0
   #1 data_ready = 0;
   #10 data_bus = 8'h8b;
   #10 mem_read = 1;
   #20 data_ready = 1;
   #1 mem_read =0
   #1 data_ready = 0;
   #10 $finish;
end

endmodule
```

10.6 사건(Event) 기반 타이밍 제어

사건(event)은 register나 net에서 값이 변하는 것을 의미한다. 다음과 같이 4가지 형태가 있다.

정규(regular) 사건 제어

1. 사건 or 제어
2. 명명된(named) 사건 제어
3. 수준 반응 타이밍 제어

정규 사건 제어(regular event control)는 신호에 사건이 발생시 기동되도록 하는 것이다. posedge나 negedge가 있을 시 해당 모서리가 발생시 실행된다. 때때로 여러 신호의 어느 하나라도 사건이 발생시 실행되기를 원할 때 신호들을 or로 표현하여 사용하는 것이 **사건 or 제어(event or control)**이다. or로 표현된 신호들의 목록을 **감지 목록(sensitivity list)**이라고 한다. and 표현은 허용되지 않으므로 조심해야한다. Verilog-2001 표준에서는 or 대신 쉼표 (,)의 사용을 허용한다. 앞에 나온 wait문이 준위 반응 타이밍 제어를 위해 사용된다. 마지막으로 **명명된 사건 제어(named event control)**는 사건을 선언해서 그 사건이 일어나면 인정된다. event로 사건을 선언하고 -> 연산자에 의해서 구동되고 **@** 연산자에 의해서 인정된다. 이것의 예제 코드가 아래에 주어졌다.

```
module named_event_example();
reg clock, lastdata;
reg [3:0], data_buf, data;
event received_data;
reg a, b;

always @(posedge clock)
   if(last_data)
        ->received_data;
end
always @(received_data)
   data_buf = {data[0], data[1], data[2], data[3]};
end

endmodule
```

10.7 경로 지연 모델링

모듈에서 출발 포트에서 종착 포트 사이의 지연을 **모듈 경로 지연(module path delay)** 라고 한다. Verilog에서는 경로 지연은 **specify~endspecify**로 묶는다. 이것으로 선언된 블록을 **specify 블록**이라고 한다,

10.7.1 병렬 연결

병렬 연결은 출발 포트에서 종착 포트를 1대1로 연결 할 때 사용되고 => 기호를 사용한다.

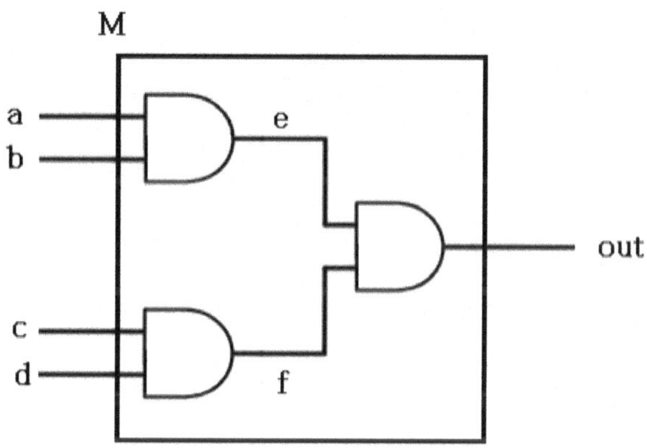

그림 10.2 경로 지연에 대한 예

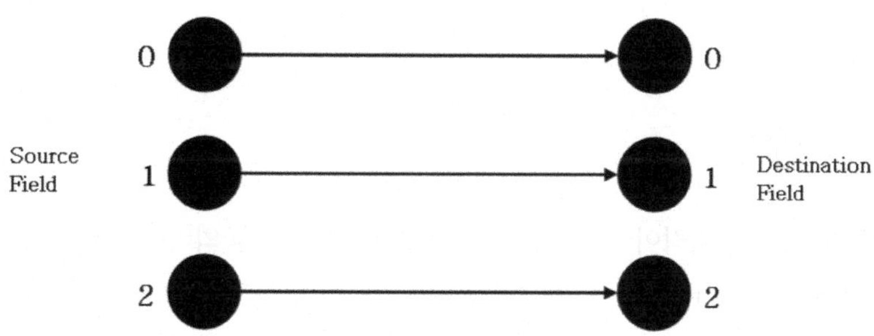

그림 10.3 병렬 연결

다음과 같이 사용된다.

(<start_port> => <destination_port>) = <delay_value>

출발 포트가 벡터이면 종착 포트도 같은 비트 수를 가져야한다.

```
// 병렬 연결
module gate_delay_example(out, a, b, c, d);
output out,
input a, b, c, d;
wire e, f;

// 경로 지연을 정의하는 specify 블록
specify
   (a => out) = 9;
   (b => out) = 9;
   (c => out) = 11;
   (d => out) = 11;
endspecify

and a1 (e, a, b);
and a2 (f, c, d);
and a3 (out e, f);

endmodule
```

10.7.2 완전 연결

완전 연결은 출발지 각각이 모든 종착 포트p 연결되는 것을 의미하며 *> 기호를 사용한다. 다음과 같이 사용된다.

(<start_port> *> <destination_port>) = <delay_value>

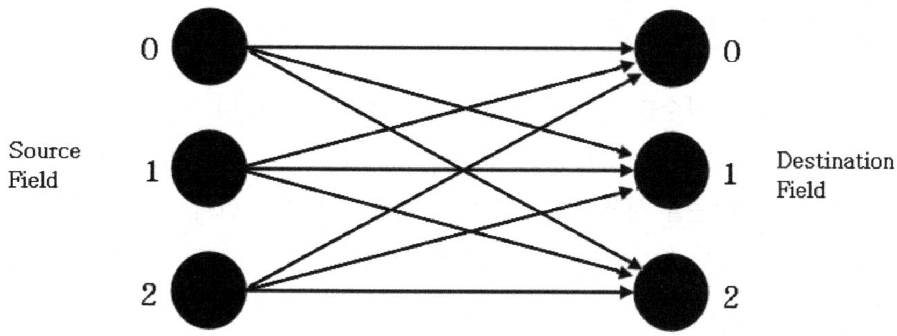

그림 10.4 완전 연결

앞에 나온 병렬 연결의 코드를 완전 연결의 코드로 변환시켜 다음에 보였다. 벡터 신호를 연결할 때 아주 유용하다. 예를 들어 32 비트 벡터 신호 a와 8 비트 벡터 신호 b를 완전 연결 할 때도 (a *> b) = 9와 같이 사용할 수 있다.

```
//완전 연결
module gate_delay_example(out, a, b, c, d);
output out,
input a, b, c, d;
wire e, f;

// 경로 지연을 정의하는 specify 블록
specify
   (a, b *> out) = 9;
   (c, d => out) = 11;
endspecify

and a1 (e, a, b);
and a2 (f, c, d);
and a3 (out e, f);

endmodule
```

10.7.3 specparam문

specify 블록 내에 상수를 정의할 때 **specparam**을 사용한다.

이것을 사용한 예를 다음 코드에서 보인다. 코드에서처럼 지연 시간을 명시할 때 많이 사용되며 specparam문을 사용하여 상수를 사용할 것을 권장한다.

```
//완전 연결
module gate_delay_example(out, a, b, c, d);
output out,
input a, b, c, d;
wire e, f;

// 경로 지연을 정의하는 specify 블록
specify
   specparam ab_out_delay = 9;
   specparam cd_out_delay = 11;
   (a, b *> out) = ab_out_delay;
   (c, d => out) = cd_out_delay;
endspecify

and a1 (e, a, b);
and a2 (f, c, d);
and a3 (out e, f);

endmodule
```

10.7.4 조건 경로 지연

상태 의존 경로 지연(state-dependent path delay: SDPD)라고도 한다. 회로의 입력 신호값을 기반으로 조건에 따라 지연값을 주는 것을 **조건 경로 지연**이라 한다. 조건 경로 지연은 specify 블록 내에 if 조건문을 사용하여 표현한다. else는 사용할 수 없는 것에 주의한다.

예제 코드를 아래에 보인다.

```
// 조건적 경로 지연
module gate_delay_example(out, a, b, c, d);
output out,
input a, b, c, d;
wire e, f;

// 경로 지연을 정의하는 specify 블록
specify
    if (a) (a => out) = 9;
    if (~a) (a => out) = 10;
    if (b & c) (b => out) = 9;
    if (~(b & c)) (b => out) = 13;
    if ({c, d} == 2'b01) (c, d *> out) = 11;
    if ({c, d} != 2'b01) (c, d *> out) = 13;
endspecify

and a1 (e, a, b);
and a2 (f, c, d);
and a3 (out e, f);

endmodule
```

10.7.5 상승, 하강, 및 끄기(Turn-Off Time) 시간

각 시간에 3개의 시간 값들 각각에 대해서 콜론으로 분리하여 줌으로써 (min:typical:max) 좀 더 자세하게 기술할 수 있다. 상승, 하강, 끄기(turn-off) 시간의 순서는 지켜야한다.

상승은 0 → 1, 0 → z, 및 z → 1의 천이를 의미하고 하강은 1 → 0, 1 → z, 및 z → 0의 천이를 의미하고, 끄기 시간은 0 → z와 1 → z로의 천이를 의미한다.

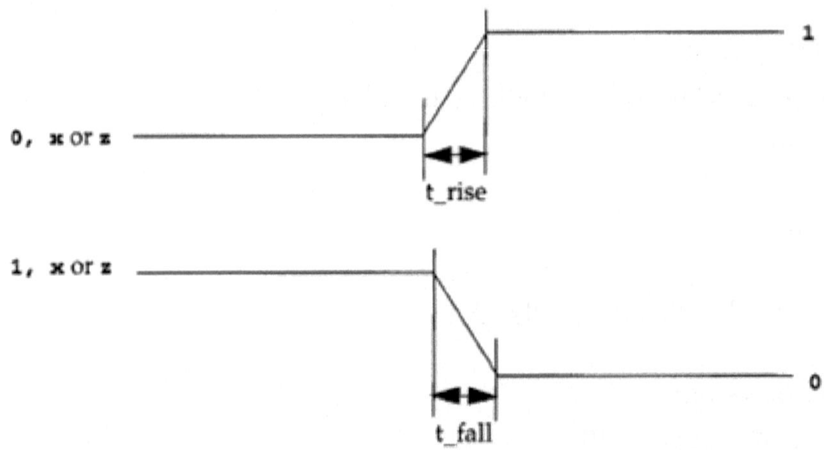

그림 10.5 상승 시간과 하강 시간

```
specparam t_delay = 9;
specparam t_delay_max = 12;
specparam t_delay_min = 6
specparam t_rise = 9;
specparam t_rise_max = 12;
specparam t_rise_min = 6;
specparam t_fall = 13;
specparam t_fall_max = 16;
specparam t_fall_min = 10;
specparam t_turnoff = 11;
specparam t_turnoff_max = 14;
specparam t_turnoff_min = 8;

//한개만 표시되면 모든 시간에 적용된다
(clk => q) = t_delay;

//상승과 하강의 두개의 시간만 명시
(clk => q) = (t_rise, t_fall, t_turnoff);

//상승, 하강, 및 끄기 시간을 명시
(clk => q) = (t_rise, t_fall, t_turnoff);

//상승, 하강, 및 끄기 시간에 대한 최대값, 전형적인 값, 및 최소값을 명시
(clk => q) = (t_rise_mim:t_rise:t_rise_max, t_fall_mim:t_fall_t_fall_max,
              t_turnoff_mim:t_turnoff:t_turnoff_max);

//6개의 지연값으로 표현 (0 → 1, 1 → 0, 0 → z, z → 1, 1 → z, z → 0)
(clk => q) = (9, 13, 11, 9, 11, 13);

//12개의 값으로 표현 (0 → 1, 1 → 0, 0 → z, z → 1, 1 → z, z → 0,
//                   0 → x, x → 1, 1 → x, x → 0, x → z, z → x)
(clk => q) = (9, 13, 11, 9, 11, 13, 4, 13, 5, 9, 11, 7);
```

10.7.6 x 상태로의 천이 다루기

x 상태로의 천이에 대한 지연값을 계산하기 위하여 비관적인 방법(pessimistic method)을 취한다. 왜냐하면 x로의 지연값을 정확히 기술할 수 없기 때문이다.

x에서 0이나 1로의 천이는 가능한 최대값을 주어야한다.

0이나 1에서 x로의 천이는 가능한 최소값을 주어야한다.

```
specparam t_01 = 9;
specparam t_10 = 13;
specparam t_0z = 11
specparam t_z1 = 9;
specparam t_1z = 11;
specparam t_z0 = 13;

//6개의 지연값으로 표현 (0 → 1, 1 → 0, 0 → z, z → 1, 1 → z, z → 0)
(clk => q) = (t_01, t_10, t_0z, t_z1, t_1z, t_z0);
```

위의 코드로부터 x로의 천이에 대한 지연들을 계산하면 다음과 같다.

변화	지연값
0 → x	min (t_01, t_0z) = 9
1 → x	min (t_10, t_1z) = 11
z → x	min (t_z0, t_z1) = 9
x → 0	max (t_10, t_z0) = 13
x → 1	max (t_01, t_z1) = 9
x → z	max (t_1z, t_0z) = 11

10.7.7 타이밍 검사 표준 함수

specify 블록 내에서 타이밍 검사를 하기 위해서 다음과 같은 설정 시간(setup time), 유지 시간(hold time), 펄스 폭(pulse width)를 검사하는 표준 함수들이 있다.

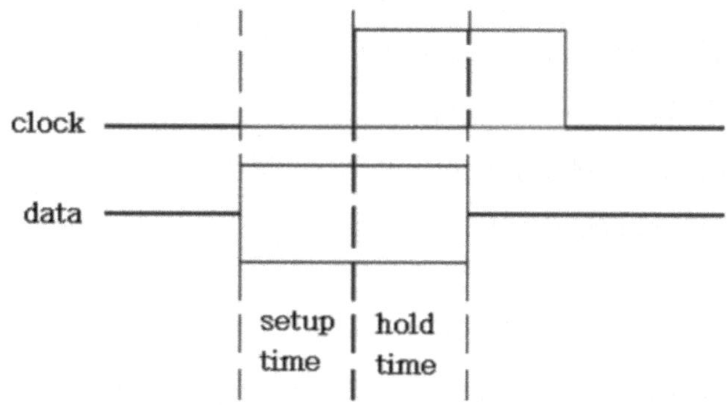

그림 10.6 설정 시간과 유지 시간

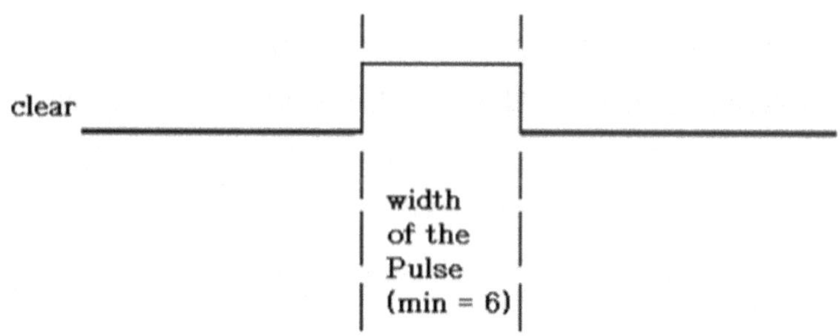

그림 10.7 펄스 폭

- **$setup**(<data_event>, <reference_event>, <setup_limit>[, <notifier>)

  여기서 <reference_event>와 <data_event>간의 **설정 시간(setup time)**을 계산한다.

  <setup_limit>는 최소 설정시간 이다.

  만약 <reference_event>-<data_event> < <setup_limit>이면 오류이다.

- **$hold**(<reference_event>, <data_event>, <hold_limit>[, <notifier>)

  여기서 <data_event>와 <reference_event>간의 **유지 시간(hold time)**을 계산한다.

  <hold_limit>는 최소 유지시간 이다.

  만약 <data_event>-<reference_event> < <hold_limit>이면 오류이다.

- **$setuphold**(<reference_event>, <data_event>, <setup_limit>, <hold_limit>[, <notifier>]

  위의 두 함수를 결합한 형태이다.

- **$skew**(<reference_event>, <data_event>, <limit>[, <notifier>]

  두 클록 모서리 간의 지연을 검사한다. <data_event>와 <reference_event>가 동시 발생 시 에러임.

  만약 <data_event>-<reference_event> > <limit>이면 오류이다.

- **$width**(<reference_event>, <limit>, <threshold>[, <notifier>)

  여기서 <reference_event>는 **펄스 폭(pulse width)**을 계산하기 위한 시작 모서리를 나타낸다. <limit>은 최소 펄스 폭(pulse width)이다.

  만약 <threshold> < 펄스폭 < <limit>이면 오류이다.

- **$period**(<reference_event>, <limit>[, <notifier>]

  주기를 검사하는 함수이다.

  만약 주기 < <limit>이면 오류이다.

- **$recovery**(<reference_event>, <data_event>, <limit>[, <notifier>]

  <data_event>와 <reference_event>간의 시간 차이가 <limit>보다 큰가를 검사한다.

  만약 <data_event>-<reference_event> > <limit>이면 오류이다. <data_event>와 <reference_event>가 동시 발생시 에러 아님.

- **$nochange**(<reference_event>, <data_event>, <start_edge_offset>, <end_edge_offset> [, <notifier>]

  <start_edge_offset>에서 <end_edge_offset> 구간에서 신호가 안정한가를 검사하는 함수이다. 안정하지 않으면 오류이다.

여기서 위 함수들의 인수의 의미를 간단히 설명하면 다음과 같다.

인수	의미	자료형
〈reference_event〉	**기준 시간**(reference time)을 형성하는 **제어 신호**(control signal)에서의 천이	스칼라나 벡터 넷의 모듈 input 또는 inout
〈data_event〉	신호에서의 변화	스칼라나 벡터 넷의 모듈 input 또는 inout
〈limit〉	신호에서의 타이밍 위배를 검출하기 위한 **시간 제한**(time limit)	상수식이거나 specparam
〈threshold〉	$width에 의해서 무시되는 가장 큰 펄스 폭	상수식이거나 specparam
〈setup_limit〉	설정 최소 시간	상수식이거나 specparam
〈hold_limit〉	유지 최소 시간	상수식이거나 specparam
〈notifier〉	타이밍 위배가 생길 시 이 값이 토글링시켜 시뮬레이터에 알려줌	레지스터

이것을 사용하는 예를 다음에 보였다.

```
module setup (data1, data2, q);
input data1, data2;
output q;

and (q, data1, data2);

specify
   specparam tsetup = 7, delay = 10 ;
   (data1 => q) = delay ;
   $setup(data1, posedge data2, tsetup);
endspecify

endmodule


module two_clocks (clk1, clk2, q);
input clk1, clk2;
output q;
specify
   specparam tskew = 7;
   $skew(posedge clk1, posedge clk2, tskew);
endspecify

endmodule


module hold (data1, data2, q);
input data1, data2;
output q;
```

```
and (q, data1, data2);

specify
   specparam thold = 7, delay = 10 ;
   (data1 => q) = delay ;
   $hold(posedge data2, data1, thold);
endspecify

endmodule
```

```
module recovery (in1, out1);
input in1;
output out1;

assign out1 = in1 ? 1'b1 : 1'bz;

specify
   specparam trecovery = 10;
   $recovery(posedge in1, out1, trecovery);
endspecify

endmodule


module setuphold (data1, data2, q);
input data1, data2;
output q;

and (q, data1, data2);
```

```
specify
    specparam tsetup = 7,
    thold = 7,
    delay = 10 ;
    (data1 => q) = delay ;
    $setuphold(posedge data2, data1, tsetup, thold);
endspecify

endmodule
```

```
module width (data1, data2, q);
input data1, data2;
output q;

and (q, data1, data2);

specify
    specparam twidth = 10, delay = 10;
    (data2 => q) = delay;
    $width(posedge data2, twidth);
endspecify

endmodule
```

```
module dff (clk, q);
input clk;
output q;

buf (q, clk);
```

```
specify
    specparam tperiod = 100;
    $period(posedge clk, tperiod);
endspecify

endmodule


module nochange (data1, data2, q);
input data1, data2;
output q;

and (q, data1, data2);

specify
    specparam tstart = -5, tend = 5 ;
    $nochange(posedge data2, data1, tstart, tend);
endspecify

endmodule
```

연습문제

1. 비동기식 리세트을 가진 하강 모서리 동작 D F/F을 다음의 경로 지연을 갖도록 Verilog로 기술하라. 다음과 같이 병렬 연결을 사용하여 기술하라.
d -> q = 5, d -> qbar = 5, clock -> q = 6, clock -> qbar = reset -> q = reset -> qbar = 3.

2. 위의 문제를 완전 연결을 사용하여 기술하라.

3. event 자료형을 이용하여 다음 파형을 발생하는 Verilog 코드를 작성하라.

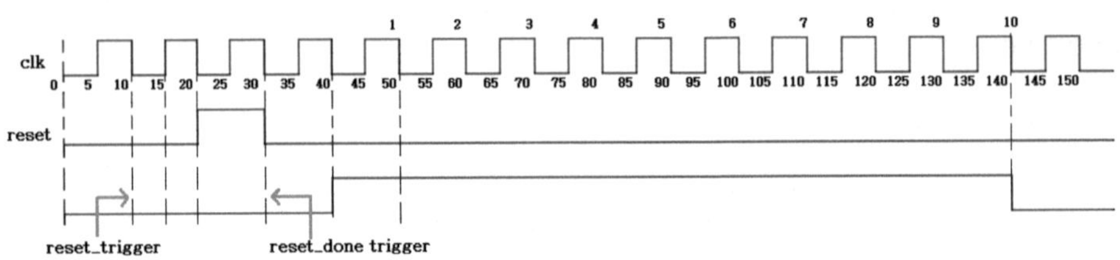

4. 다음 코드는 어떻게 실행될까?

```
wait (a);
i = i + 1;
wait (!a);
```

5. D F/F을 설계하고 입력 d의 설정 시간과 유지 시간이 모두 1 단위 시간을 검증하는 코드를 작성하라.

6. a, b, 및 c가 입력으로 들어오고 출력은 x = a & b와 y= x | c 형태로 나오는 조합논리 회로가 있다. 초기값을 a = 1, b = 1, c = 0, x = 1, 및 y = 1으로 가정하고 다음 두 코드의 결과 값을 보여라. 어느 쪽의 출력이 맞는가?

```
always @(a or b or c) begin
   x = a & b;
   y = x | c;
end
```

```
always @(a or b or c) begin
   x <= a & b;
   y <= x | c;
end
```

11
CHAPTER

태스크와 함수

학습목표

- **태스크에 대해서 공부한다**
- **함수에 대해서 공부한다**

11.1 태스크(Task)

태스크(task)는 고급언어에서 일반적으로 **절차**(procedure)나 **부프로그램**(subprogram)으로 알려져 있다. 태스크는 **task**와 **endtask**로 둘러싸여지고 인수가 넘겨지고 결과를 넘겨받는다. 주 코드에서 필요시 여러 번 태스크를 부름으로서 실행이 되므로 코드의 반복을 줄일 수 있다.

1. 태스크는 사용되는 모듈에서 정의된다. 별도의 파일로도 존재할 수 있는데 그 경우 사용하는 모듈에서 **컴파일어 지시어**(compiler directive) `include "file"로 태스크로 만든 파일을 포함해야한다.
2. posedge, negedge, #delay, 및 wait 같은 시간 지연을 포함할 수 있다.
3. 태스크는 어떤 수의 입력과 출력을 가질 수 있다.
4. 태스크내에서 선언된 변수들은 **국부적 변수**(local variable)이다. 선언 순서가 주 코드가 태스크를 부를 때 인수를 넘겨주는 순서가 된다.
5. 태스크는 다른 태스크나 함수를 부를 수 있다.
6. 태스크로 조합논리와 순차논리를 구현할 수 있다.
7. 태스크는 문장으로 불리어진다. 함수처럼 수식 내에서 사용할 수 없다.
8. 국부 변수가 없을 때, 전역변수로 인수를 넘기거나 구동할 수 있다. 기본적으로 국부 변수는 태스크 실행의 마지막에 값이 할당된다.

반경이 주어졌을 때 원의 면적을 계산하는 함수를 작성해보자.

```
module simple_task();

task circle_area;
output area;
input radius;
localparam pi = 3.14;
real area, radius;
   area = pi * radius* radius;
endtask

endmodule
```

전역 변수(global variable)를 사용한 태스크 예로 고치면 다음과 같다.

```
module simple_task_global();

real area, radius;    // global output and input variables

task circle_area;
localparam pi = 3.14;
   area = pi * radius* radius;
endtask

endmodule
```

위의 두 예의 태스크를 부르는 코드는 다음과 같이 작성할 수 있다. 먼저 입·출력 인수를 사용하는 경우 다음과 같이 작성할 수 있다.

```
module calling_simple_task(a, r);
output a;
input r;
real a, r;
'include "simple_task.v"

always @(r)
    circle_area(a, r);

endmodule
```

전역 변수를 사용하는 예는 다음과 같다.

```
module calling_simple_task_global(area, radius);
output area;
input radius;
real area, radius;
'include "simple_task_global.v"

always @(r)
    circle_area;

endmodule
```

11.2 함수

함수(function)는 태스크와 같으나 지연을 포함할 수 없고 한 개보다 많은 출력을 구동할 수 없다.

1. 함수는 태스크처럼 사용되는 모듈에서 정의된다. 별도의 파일로도 존재할 수 있는데 그 경우 사용하는 모듈에서 컴파일어 지시어 (directive) `include "file"로 태스크로 만든 파일을 포함해야한다.
2. posedge, negedge, #delay, 및 wait 같은 시간 지연을 포함할 수 있다. 즉 0 시간 지연으로 바로 실행되야 한다.
3. 태스크는 어떤 수의 입력을 가질 수 있지만 출력은 단 하나만 가져야 한다.
4. 태스크 내에서 선언된 변수들은 국부적(local)이다. 선언 순서가 주 코드가 태스크를 부를 때 인수를 넘겨주는 순서가 된다.
5. 함수는 다른 함수들을 부를 수 있지만 다른 태스크는 부를 수 없다.
6. 함수는 조합논리를 구현하는데 사용된다.
7. 국부 변수가 없을 때, 전역변수로 인수를 넘기거나 구동할 수 있다. 기본적으로 국부 변수는 태스크 실행의 마지막에 값이 할당된다.

함수는 **function**으로 시작하고 **endfunction**으로 끝난다. function 다음에 인수를 넘겨줄 input 문이 나타난다. 반경이 주어졌을 때, 원의 면적을 계산하는 함수를 작성하면 다음과 같다.

```
module simple_function();

function area;
input radius;
real radius, area;
localparam pi = 3.14;
   area = pi * radius * radius;
endfunction

endmodule
```

함수를 부르는 것은 다음과 같이 하면 된다.

```
module calling_simple_function(a, r);
output a;
input r;
real a, r;
`include "simple_function.v"

a = area(r);

endmodule
```

다음은 재귀적 부름(**recursive call**)이 가능하도록 하려면 함수명 앞에 **automatic**을 붙인다.

```
module fact_calc(num, factorial);
input [31:0] num;
output integer factorial;

function automatic integer factorial_func;
input [31:0] n;
if (n>=2)
   factorial_func = factorial_func(n-1) * n;
else
   factorial_func = 1;
endfunction

always @(num)
   factorial = factorial_func(num);

endmodule
```

다음은 상수값 대신 사용하는 상수 함수의 예이다. 여기서 **localparam**은 Verilog-2001 표준에 포함된 것으로 parameter와 달리 재정의나 defparam에 의해서 변경되는 것을 보호하기 위해서 생겼다.

```
module RAM(ADDR, WR, CS, DATA);
parameter DWIDTH = 16;
parameter DEPTH = 512;
localparam AWIDTH = clog2(DEPTH);

input WR, CS;
input [AWIDTH-1:0] ADDR;
input [DWIDTH-1:0] DATA;

function integer clog2(input integer depth);
   for(clog2=0; depth>0; clog2=clog2+1)
      depth = depth>>1;
endfunction

initial
   $monitor($time, "DWIDTH=%b DEPTH=%d AWIDTH=%d", DWIDTH, DEPTH,
AWIDTH);

endmodule
```

연습문제

1. 섭씨 온도 celcius를 화씨 온도 fahrenheit로 변환하는 태스크를 작성하라.

2. 섭씨 온도 celcius를 화씨 온도 fahrenheit로 변환하는 함수를 작성하라.

3. 다음 코드의 실행 결과는?

```
module tryfact;

// define function
function [31:0] factorial;
input [3:0] operand;
reg [3:0] index;
begin
   factorial = operand ? 1 : 0;
   for(index = 2; index <= operand; index = index + 1)
      factorial = index * factorial;
end
endfunction

// Test the function
reg [31:0] result;
reg [3:0] n;

initial begin
   result = 1;
   for(n = 2; n <= 9; n = n+1) begin
      $display("Partial result n=%d result=%d", n, result);
      result = n * factorial(n) / ((n * 2) + 1);
   end
   $display("Final result=%d", result);
end

endmodule
```

4. 다음 코드의 실행 결과는?

```
module tryfact;

// define function
function [31:0] factorial;
input [3:0] operand;
reg [3:0] index;
begin
   factorial = operand ? 1 : 0;
   for(index = 2; index <= operand; index = index + 1)
      factorial = index * factorial;
end
endfunction

// Test the function
reg [31:0] result;
reg [3:0] n;

initial begin
   result = 1;
   for(n = 2; n <= 9; n = n+1) begin
      $display("Partial result n=%d result=%d", n, result);
      result = n * factorial(n) / ((n * 2) + 1);
   end
   $display("Final result=%d", result);
end

endmodule
```

5. 다음은 무엇을 하는 태스크인가?

```
module zero_count_task (data, out);
input [7:0] data;
output reg [3:0] out;

always @(data)
   count_0s_in_byte(data, out);

// task declaration from here
task count_0s_in_byte(input [7:0] data, output reg [3:0] count);
integer i;

count = 0;
for (i = 0; i <= 7; i = i + 1)
if (data[i] == 0) count= count + 1;
endtask

endmodule
```

12
CHAPTER

시스템 태스크와 함수

학습목표

- 시스템 태스크에 대해서 공부한다
- 시스템 함수에 대해서 공부한다
- 스케줄링 순서에 대해서 공부한다

시뮬레이션할 때 입·출력을 발생할 때 사용되는 시스템 태스크들과 시스템 함수들이 있다. 그들의 이름은 모두 달러($)로 시작된다. 합성 툴들은 합성할 모델에 포함될 수 있다. 시스템 태스크들을 열거하면 다음과 같다.

- **$display** - 한 줄을 화면 (표준 출력)에 십진수로 출력하고 자동적으로 새 줄 (new line) 문자를 붙인다. 실행시의 값을 단 한번 출력한다.
- **$displayh** - $display와 동일하다. 단 16진수로 출력한다.
- **$displayo** - $display와 동일하다. 단 8진수로 출력한다.
- **$displayb** - $display와 동일하다. 단 2진수로 출력한다.
- **$strobe** - 한 줄을 화면에 출력하는 것은 $display와 동일하나 시뮬레이션 다음 스텝의 시간으로 넘어갈 때 변경된 값을 출력한다. 자동적으로 새 줄 (new line) 문자를 붙인다. 단 한번 출력한다.
- **$strobeh** - $strobe와 동일하다. 단 16진수로 출력한다.
- **$strobeo** - $strobe와 동일하다. 단 8진수로 출력한다.
- **$strobeb** - $strobe와 동일하다. 단 2진수로 출력한다.
- **$write** - $display같이 한 줄을 화면에 출력하나 자동적으로 새 줄 문자를 붙이지 않는다.
- **$swrite** - 변수에 한 줄을 출력하고 자동적으로 새 줄 문자를 붙이지 않는다.
- **$writeh** - $write와 동일하다. 단 16진수로 출력한다.
- **$writeo** - $write와 동일하다. 단 8진수로 출력한다.
- **$writeb** - $write와 동일하다. 단 2진수로 출력한다.
- **$sscanf** - 변수로부터 형식으로 명시된 문자열을 읽는다. (*Verilog-2001)
- **$fopen** - 읽고 쓸 파일에 대한 핸들을 연다.

  <file_handle> = fopen("<file_name>" [, "<option>"])
- **$fdisplay** - 한 줄을 파일에 출력하고 자동적으로 새 줄 문자를 붙인다.
- **$fdisplayh** - $fdisplay와 동일하다. 단 16진수로 출력한다.
- **$fdisplayo** - $fdisplay와 동일하다. 단 8진수로 출력한다.
- **$fdisplayb** - $fdisplay와 동일하다. 단 2진수로 출력한다.
- **$fwrite** - 한 줄을 파일에 출력하고 자동적으로 새 줄 문자를 붙이지 않는다.

- **$fscanf** - 파일로부터 형식으로 명시된 문자열을 읽는다. (*Verilog-2001)
- **$fclose** - 열린 파일 핸들을 닫는다.
- **$readmemh** - 메모리 배열로 16진수 내용을 읽는다.
- **$readmemo** - 메모리 배열로 8진수 내용을 읽는다.
- **$readmemb** - 메모리 배열로 2진수 내용을 읽는다.
- **$monitor** - 열거된 변수들에 있어서 어떤 값의 변화가 있으면 열거된 변수들에 대해서 시뮬레이션 다음 스텝의 시간으로 넘어갈 때 변경된 값을 출력한다.
- **$monitorh** - $monitor와 동일하다. 16진수로 출력한다.
- **$monitoro** - $monitor와 동일하다. 8진수로 출력한다.
- **$monitorb** - $monitor와 동일하다. 2진수로 출력한다.
- **$monitoron** - $monitor로 출력 시작하기.
- **$monitoroff** - $monitor로 출력 끝내기.
- **$time** - 현재의 시뮬레이션 64비트 정수 시간 값.
- **$stime** - 현재의 시뮬레이션 32비트 정수 시간 값.
- **$rtime** - 현재의 시뮬레이션 실수 시간 값.
- **$dumpfile** - VCD (value change dump) 형식 출력 파일을 선언한다.
- **$dumpvars** - 변수들을 덤프한다.
- **$dumpports** - 확장된 VCD 형식으로 변수들을 덤프한다.
- **$dumpon** - 덤프 출력 시작하기.
- **$dumpoff** - 덤프 출력 끝내기.
- **$dumpall** - 모든 변수들을 덤프한다.
- **$dumpflush** - 덤프되는 변수들의 모든 변화가 파일에 저장되는 것을 확실하게 한다.
- **$dumplimit** - VCD 파일의 최대 크기를 세트한다.

  $dumplimit(<file_size>)
- **$random** - 정수 난수를 발생한다.

메모리를 시뮬레이션하는 코드를 다음에 보였다.

$readmemh의 사용 예는 다음과 같다.

$readmemh("<file_name>", <memory_name>, [<start_addr>, <finish_addr>])

```
module memory;
parameter DWIDTH = 16;
parameter DEPTH = 512;
localparam AWIDTH = clog2(DEPTH);

function integer clog2(input integer depth);
   for(clog2=0; depth>0; clog2=clog2+1)
      depth = depth>>1;
endfunction

reg [DWIDTH-1:0] RAM [0:DEPTH-1];

initial begin
   $readmemh("memory.dat", RAM);
end

endmodule
```

memory.dat 파일에는 다음 내용을 넣어 둔다. @ 뒤에는 RAM의 주소 값을 지정하고 그리고 바로 뒤에 있는 값은 집어넣을 데이터이다. 데이터를 구분 짓기 위한 언더스코어는 받아들이면서 무시된다.

```
@00 AA_55 CC_11
@02 AE_67 5A_37
@FE 23_45 12_34
```

덤프는 시뮬레이션하면서 변수들의 변화를 덤프 파일에 저장하는 기능이다. $dumpvars는 다음과 같이 2개의 인수를 요하는데 아무것도 없을 때는 모든 변수를 출력하라는 의미이다.

dumpvars(<level>, <list of variables or modules>)

만약 <level>이 0이면 <list of variables or modules>내의 모듈들의 모든 변수들을 덤프한다. 이런 모듈 내에 부품으로 가져온 모듈내의 변수들도 덤프한다. 만약 <level>이 1이면 열거된 변수들이나 열거된 모듈들의 변수들을 덤프한다. 그렇지만 이런 모듈 내에 부품으로 가져온 모듈내의 변수들은 덤프 안한다. 덤프 파일의 확장자는 보통 **vcd(value change dump)**로 사용한다. 이것의 예제 코드를 아래에 보였다.

```
module top;
reg a, b;
wire y;

assign y = a & b;

always begin
   a = 1'b0;
   #10 a = 1'b1;
   #10 a = 1'bx;
   #10;
end

always begin
   b = 1'b0;
   #30 b = 1'b1;
   #30 b = 1'bx;
   #30;
end
```

```
module top;
reg a, b;
wire y;

assign y = a & b;

always begin
   a = 1'b0;
   #10 a = 1'b1;
   #10 a = 1'bx;
   #10;
end

always begin
   b = 1'b0;
   #30 b = 1'b1;
   #30 b = 1'bx;
   #30;
end
```

위의 코드는 덤프 파일명을 test.vcd로 하였다. 이 파일은 a와 y 변수들의 변화만 저장할 것이다. 200 단위 시간 후에 200 단위 시간 동안 덤프를 안하다가 다시 20 단위 시간 동안 재개된다. 그 후에는 모든 변수들을 저장한다.

시뮬레이션할 때 가장 까다로운 함수가 $display, $strobe, 및 $monitor 함수이다. 위에서 언급했 듯이 $display는 바로 실행이 되고, $strobe와 $monitor는 시뮬레이션 다음 스텝의 시간으로 넘어갈 때 변경된 값을 출력한다. $strobe는 단 한번 실행되나 $monitor는 시뮬레이션이 되는 동안 인수들 중 하나 이상 사건이 발생하면 계속 반복적으로 실행된다.

이것의 예를 다음 코드에서 보인다.

```
module test();
reg [3:0] a, c, d;

initial begin
    c = 0;
    d = 0;
    $monitor("Monitor: Value of a = %d", a);
    repeat(2) begin
        a <= c + d;  // 비방해 할당, 다음 시간 스텝 100에서 바뀌도록 큐에 스케줄링
        $display("Display: Value of a = %d", a);// 여기서는 두 번 실행
        $Strobe("Strobe: Value of a = %d", a); // 단 한 번만 실행
        c = c + 1;
        d = d + 1;
    end
    #100 $finish;
end
```

실행 결과는 다음과 같다.

```
Display: Value of a = x
Display: Value of a = x
Monitor:  Value of a = 2
Strobe: Value of a = 2
```

그 외 시뮬레이션을 중단하는 함수로 **$finish**와 **$stop**이 있는데 $finish는 시뮬레이션을 완전히 끝내는 반면에 $stop는 중단시킨 후 명령들을 사용자가 넣도록 허용한 뒤 시뮬레이션의 재개를 할 수 있다. **$reset**는 시뮬레이션 시간을 다시 0으로 만든다.

그 외 시스템 타이밍들을 체크하는 시스템 함수들이 있다.

```
//To change the way (below) is displayed
$display("%t", $realtime);

//$timeformat(unit#, prec#, "unit", minwidth);
$timeformat(-3, 2, " ms", 10);      // -3 and " ms" give useful display msg

/*
unit       is the base that time is to be displayed in, from 0 to -15
precision is the number of decimal points to display.
"unit"     is a string appended to the time, such as " ns".
minwidth is the minimum number of characters that will be displayed.

  0 =   1 sec
 -1 = 100 ms
 -2 =  10 ms
 -3 =   1 ms
 -4 = 100 us
 -5 =  10 us
 -6 =   1 us
 -7 = 100 ns
 -8 =  10 ns
 -9 =   1 ns
-10 = 100 ps
-11 =  10 ps
-12 =   1 ps
-13 = 100 fs
-14 =  10 fs
-15 =   1 fs
*/
```

앞에서 시스템 함수들에 대해서 살펴보았다. 이들을 이용하여 시뮬레이션을 진행하다 보면 시뮬레이션 결과가 어떤 순서로 나오는지 예측하기가 만만치 않다. 설계 모듈들과 테스트벤치 내부의 문장들이 실행될 때 시뮬레이션 시 사건 기반으로 실행이 되는데 이 들 사건들을 스케줄링하는데 다음과 순서가 있다. Reactive, Reinactive, 및 Re non-blocking 영역은 program내의 문장들에 적용된다. Pre-pone, Post-pone, 및 Observed 영역은 asserion 문을 실행할 때 사용하는 영역이다.

- ➢Pre-pone region
  signal sampling for assert
- ➢Active region: blocking assignment,
  continuous assignment, primitives
- ➢Inactive region: #0 delay
- ➢Non-blocking region
  #n, wait(), @()
- ➢Observed region
  assert
- ➢Reactive region
- ➢Reinactive region
- ➢Re non-blocking region
- ➢Post-pone region:
  $monitor, $strobe

그림 12.1. 시뮬레이션 시 사건들의 스케줄링 순서

연습문제

1. 다음 코드의 실행 결과는?

```
// Test Bench
module testbench:
reg [15:0] a;
reg clk;
integer hand1;

initial begin
    hand1=$fopen("datastuff.txt");
    forever @(posedge clk) begin
        $fstrobe (hand1, "time = %5t, a = %h", $time, a);
    end // Never put statements after a forever block.
end

initial begin
    clk = 0;
    a = 8'h2b;
    forever #5 clk = ~clk;
end // Never put statements after a forever block

initial begin
    a = a + 8;
    #3000 $fclose (hand1); // Close the file
    $finish;
end

endmodule
```

13
CHAPTER

컴파일러 지시어(Directive)

학습목표

- 여러 가지 컴파일러 지시어에 대해서 설명한다
- `include에 대해서 설명한다
- `define과 `undef에 대해서 설명한다
- `ifdef, `ifudef, `elsif, `else, 및 `endif에 대해서 설명한다
- `timescale에 대해서 설명한다
- `resetall에 대해서 설명한다
- `defaultnettype에 대해서 설명한다

컴파일러 지시어(compiler directive)는 Verilog 원시(source) 코드의 컴파일을 제어하는데 사용된다. 그라브 강세(grave accent) (`)로 지시어를 시작한다. 이 지시어가 선언되면서 제어되기 시작하고 다른 지시어가 선언되어서 제어가 무시될 때까지 계속 유지된다. 이 지시어은 원시 코드내 어느 위치에 와도 무방하나 module 밖에 선언되는 것을 권고한다.

13.1 `include 지시어

`include 지시어는 지정된 원시 코드를 현재의 원시 코드에 그대루 포함하도록 지시한다. 자주 사용하는 상수나 전역 변수들을 다른 파일에 선언해 놓고 가져올 때 요긴하게 사용할 수 있다.

사용 예는 다음과 같다.

`include “<file_name>”

13.2 `define 지시어

`define 지시어는 매크로를 선언할 때 사용한다. 보통 코딩하고 있는 파일 이름에 확장자 vh 붙인 파일에 정의된다. 여러 파일에 걸쳐서 사용된다.

13.3 `undef 지시어

`define 지시어로 선언된 매크로를 제거하는 목적으로 사용된다.

13.4 `ifdef 지시어

`ifdef** 지시어는 매크로가 선언되었는지 체크해서 선언되었으면 컴파일하고 그렇지 않으면 건너뛰든가 **`else 지시어에 따르는 원시 코드를 컴파일한다. **`endif** 지시어로 `ifdef 지시어의 끝을 나타낸다. 이외에 **`ifudef**은 만약 매크로가 정의되어 있지 않으면에 해당하고 다른 분기 조건을 **`elsif**로 추가할 수 있다. 다음은 이것들을 사용한 코드를 보여준다.

```
module and_op(a, b, c);
output a;
input b, c;

`ifdef behavioral
   wire a = b & c;
`else
   and a1 (a, b, c)
`endif

endmodule
```

13.5 `timescale 지시어

사용 예는 다음과 같다

`timescale <reference_time>/<precision>

`timescale 지시어는 이 지시어를 뒤따르는 코드의 시뮬레이션 **단위 시간(unit time)**과 **정도(precision)**을 명시하는데 사용된다 (1, 10, 및 100 만 사용할 수 있음). 단위 시간은 시뮬레이션 시간과 지연을 명시하는데 사용된다. 시간 정도는 시뮬레이터가 시간을 어떻게 반올림할까를 명시한다. 시간 정도는 얼마나 정확하게 시뮬레이터가 가동되어야 되는지를 나타내기 때문에 시뮬레이터 성능과 메모리 사용량을 결정하므로 신중하게 정해야 한다.

예로 들어서 `timescale 1 ns/1 ps는 1 ps는 1/1000 ns이므로 소숫점 이하 3자리까지 정도를 가진다는 의미이다. 그래서 0.001 ns는 의미 있으나 0.0001 ns는 정도를 벗어나므로 반올림 처리되어 0초로 표현된다.

SystemVerilog에서는 다음과 같이 바로 선언할 수 있다.

timeunit 1 ns;

timeprecision 1 ps;

문자열	단위	의미
s	second	1 초
ms	milli second	10-3 초
us	micro second	10-6 초
ns	nano second	10-9 초
ps	pico second	10-12 초
fs	femto second	10-15 초

다음은 예로 든 코드이다.

```
`timescale 100ns / 1ns
module timescale_check1;
reg[31:0] rval;

initial begin
   rval = 20;
   #10.566601 rval = 10;
   #10.980003 rval = 55;
   #15.674 rval = 0;
   #5.0000001 rval = 250;
   #5.67891224 rval = 100;
end

initial begin
   $monitor("TimeScale 100 ns/1ns : Time=%0t,  rval = %d\n",$realtime,rval);
   #100 $finish;
end

endmodule
```

위 코드를 실행하면 다음과 같이 결과가 나온다.

```
Simulation Result:
TimeScale 100 ns/1ns : Time=0,  rval =         20
TimeScale 100 ns/1ns : Time=1057,  rval =         10
TimeScale 100 ns/1ns : Time=2155,  rval =         55
TimeScale 100 ns/1ns : Time=3722,  rval =          0
TimeScale 100 ns/1ns : Time=4222,  rval =        250
TimeScale 100 ns/1ns : Time=4790,  rval =        100
```

13.6 `resetall 지시어

`resetall 지시어는 선언된 지시어를 모두 초기 상태로 하고 싶을 때 사용하는 지시어이다.

13.7 `defaultnettype 지시어

`defaultnettype 지시어는 자료형을 선언하지 않으면 자동적으로 wire로 선언되는데 이것을 자동적으로 다른 자료형으로 만들고 싶을 때 사용하는 지시어이다. module 밖에서 선언되어야 한다.

연습문제

1. 다음 코드의 실행 결과는?

```
`define SIZE 8
`define xor_b(x, y) (x & !y)|(!x & y)
//These text macros can be used as follow:
reg [`SIZE - 1 : 0] data_out;
c = `xor_b(a, b);
`undef SIZE
```

2. 다음 코드의 실행 결과는?

```
`define CLK_PERIOD 20
always #(`CLK_PERIOD/2) Clk = ~Clk;
`ifdef RTL
   wire Q = A & B;
`else
   and #1 (Q, A, B);
`endif
`timescale 1 ns / 10 ps
```

14
CHAPTER

FSM(Finite State Machine) 모델링하기

학습목표

- FSM (finite state machine) 모델링에 대해서 공부한다
- FSM 모델링의 구성 요소에 대해서 살펴본다
- 부호화 (encoding) 형식에 대해서 설명한다
- Verilog와 SystemVerilog를 이용한 순차 논리 구현 예를 보인다

유한 상태 기계(finite state machine: FSM)은 디지털 설계의 가장 중요한 부분이다. **동기적 순차 회로(synchronous sequential circuit)**를 FSM이라 한다. 물론 계수기는 FSM의 일종이다. 여기서는 FSM을 verilog로 어떻게 코딩할 것인가와 어떻게 하면 가장 좋게 코딩할 것인가에 대해서 공부한다. FSM에는 **Mealy FSM 모델**과 **Moore FSM 모델**이 있다. 이들은 출력이 어떻게 만들어지는가에 따라 나누어진다. Mealy FSM은 현재 상태와 한개 이상의 함수로서 출력이 발생되고, Moore FSM은 현재 상태만의 함수로서 출력이 만들어진다.

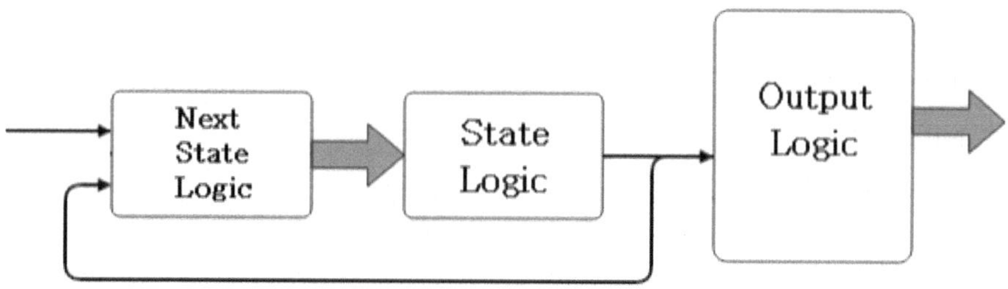

그림 14.1 Moore FSM

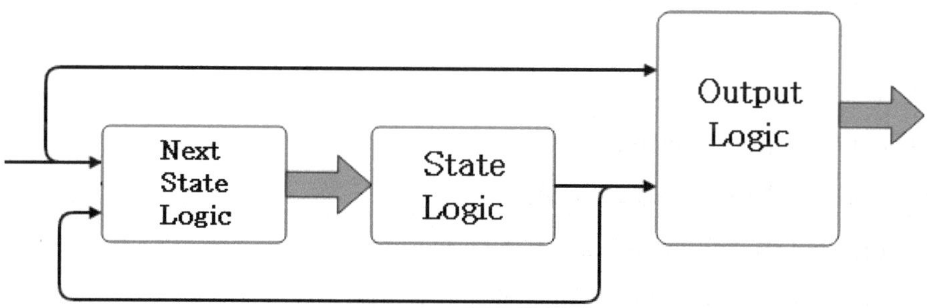

그림 14.2 Mealy FSM

14.1 FSM 모델링 구성요소

FSM 모델링할 때 조합 논리로 구성되는 다음 상태 논리, 순차 논리로 구성되는 상태 논리와 출력 논리가 필요하다. 다음 상태 논리에 입력되는 비동기 입력은 다음 상태 논리에 입력되기 전에 클록과 동기가 되도록 하는 것이 가장 중요하다. FSM은 항상 별도의 파일로 유지하도록 한다.

Verilog 코드에서 **FSM 모델링 구성 요소**로는 다음과 같은 3가지 부분(section)으로 나누어진다.

1. 부호화(encoding) 부분
2. 조합 논리 부분
3. 순차 논리 부분

14.1.1 부호화 형식(Style)

많은 **부호화 형식**이 있는데 대표적인 몇 가지만 여기에서 보인다.

1. 이진화 부호화(binary encoding)
2. one-hot 부호화(one-hot encoding)
3. one-cold 부호화(one-cold encoding)
4. 거의 one-hot 부호화(almost one-hot encoding)
5. 거의 one-cold 부호화(almost one-cold encoding)
6. 그레이 코드 부호화(Gray code encoding)

보통 **one-hot 부호화(one-hot encoding)**와 **이진화 부호화(binary encoding)**가 보통 사용된다. 만약 IDELE, GNT1, GNT2, GNT3, 및 GNT4 등의 5개 상태에 대한 one-hot 부호화의 예제 코드이다. 한 비트 위치에만 1이 들어가게 부호화한 것이다.

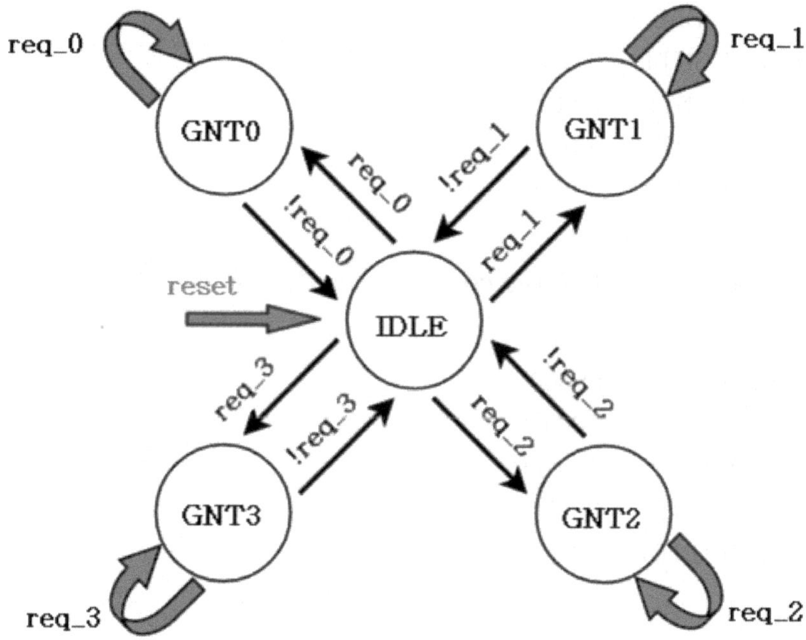

그림 14.3 예제 상태도

```
parameter [4:0] IDLE = 5'b0_0001;
parameter [4:0] GNT1 = 5'b0_0010;
parameter [4:0] GNT2 = 5'b0_0100;
parameter [4:0] GNT3 = 5'b0_1000;
parameter [4:0] GNT4 = 5'b1_0000;
```

만약 위의 부호화에 1의 보수를 취하면 **one-cold 부호화(one-cold encoding)** 방식이다. 다음에 이진화 부호화에 대한 예제 코드를 보인다. 5개 상태를 부호화하는데 3비트가 필요하다.

```
parameter [2:0] IDLE = 3'b000;
parameter [2:0] GNT1 = 3'b001;
parameter [2:0] GNT2 = 3'b010;
parameter [2:0] GNT3 = 3'b011;
parameter [2:0] GNT4 = 3'b100;
```

다음은 **그레이 코드 인코딩(Gray code encoding)**한 예제 코드이다.

```
parameter [2:0] IDLE = 3'b000;
parameter [2:0] GNT1 = 3'b001;
parameter [2:0] GNT2 = 3'b011;
parameter [2:0] GNT3 = 3'b010;
parameter [2:0] GNT4 = 3'b110;
```

14.1.2 조합 논리 부분

이 부분은 함수, assign, 및 case 문을 가진 always 절차 블록으로 만들어진다. always 블록으로 구현된 코드를 아래에 보인다.

```
always @(state or req_0 or req_1 or req_2 or req_3) begin
  next_state = 0;
  case(state)
    IDLE:
      if(req_0 == 1'b1)
        next_state = GNT0;
      else if(req_1 == 1'b1)
        next_state - GNT1;
      else if(req_2 == 1'b1)
        next_state - GNT2;
```

```
            else if(req_3 == 1'b1)
                next_state = GNT3;
            else
                next_state = IDLE;
        GNT0:
            if(req_0 == 1'b0)
                next_state = IDLE;
            else
                next_state = GNT0;
        GNT1:
            if(req_1 == 1'b0)
                next_state = IDLE;
            else
                next_state = GNT1;
        GNT2:
            if(req_2 == 1'b0)
                next_state = IDLE;
            else
                next_state = GNT2;
        GNT3:
            if(req_3 == 1'b0)
                next_state = IDLE;
            else
                next_state = GNT3;
        default:
                state <= IDLE;
    endcase
end
```

14.1.3 순차 논리 부분

이 순차논리 부분은 클록의 모서리에 따른 posedge나 negedge를 가진 클록의 모서리에 반응하는 always 절차적 블록으로 만들어진다.

```
always @(posedge clock) begin: OUTPUT_LOGIC
  if(reset == 1'b1) begin
    gnt_0 <= #1 1'b0;
    gnt_1 <= #1 1'b0;
    gnt_2 <= #1 1'b0;
    gnt_3 <= #1 1'b0;
    state <= #1 IDLE;
  end
  else begin
    state <= #1 next_state;
    case(state)
      IDLE: begin
        gnt_0 <= #1 1'b0;
        gnt_1 <= #1 1'b0;
        gnt_2 <= #1 1'b0;
        gnt_3 <= #1 1'b0;
      end
      GNT0:
        gnt_0 <= #1 1'b1;
      GNT1:
        gnt_1 <= #1 1'b1;
      GNT2:
        gnt_2 <= #1 1'b1;
```

```
        GNT3:
            gnt_3 <= #1 1'b1;
        default:
            state <= #1 IDLE;
    endcase
  end
end
```

다음은 이들 전체를 합친 코드이다.

```
module fsm(clock, reset, req_0, req_1, req_2, reg_3, gnt_0, gnt_1, gnt_2, gnt_3);
input clock, reset, req_0, req_1, req_2, req_3;
output gnt_0, gnt_1, gnt_2, gnt_3;
reg gnt_0, gnt_1, gnt_2, gnt_3;

// 상태 부호화
parameter [2:0] IDLE = 3'b000;
parameter [2:0] GNT1 = 3'b001;
parameter [2:0] GNT2 = 3'b011;
parameter [2:0] GNT3 = 3'b010;
parameter [2:0] GNT4 = 3'b110;
```

```
// 조합 논리로 구현된 다음 상태 논리
always @(state or req_0 or req_1 or req_2 or req_3) begin
  next_state = 0;
  case(state)
    IDLE:
        if(req_0 == 1'b1)
            next_state = GNT0;
```

```
          else if(req_1 == 1'b1)
              next_state - GNT1;
          else if(req_2 == 1'b1)
              next_state - GNT2;
          else if(req_3 == 1'b1)
              next_state - GNT3;
          else
              next_state - IDLE;
      GNT0:
          if(req_0 == 1'b0)
              next_state = IDLE;
          else
              next_state = GNT0;
      GNT1:
          if(req_1 == 1'b0)
              next_state = IDLE;
          else
              next_state = GNT1;
      GNT2:
          if(req_2 == 1'b0)
              next_state = IDLE;
          else
              next_state = GNT2;
      GNT3:
          if(req_3 == 1'b0)
              next_state = IDLE;
          else
              next_state = GNT3;
      default:
              state <= IDLE;
  endcase
end
```

```
// 순차 논리로 구현된 output logic
always @(posedge clock) begin: OUTPUT_LOGIC
   if(reset == 1'b1) begin
      gnt_0 <= #1 1'b0;
      gnt_1 <= #1 1'b0;
      gnt_2 <= #1 1'b0;
      gnt_3 <= #1 1'b0;
      state <= #1 IDLE;
   end
   else begin
      state <= #1 next_state;
      case(state)
         IDLE: begin
            gnt_0 <= #1 1'b0;
            gnt_1 <= #1 1'b0;
            gnt_2 <= #1 1'b0;
            gnt_3 <= #1 1'b0;
         end
         GNT0:
            gnt_0 <= #1 1'b1;
         GNT1:
            gnt_1 <= #1 1'b1;
         GNT2:
            gnt_2 <= #1 1'b1;
         GNT3:
            gnt_3 <= #1 1'b1;
         default:
            state <= #1 IDLE;
      endcase
   end
end

enmodule
```

다음은 2비트의 0과 1을 검출하는 회로를 설계해보자. 이것에 대한 상태도를 그리면 다음과 같다. 한 개의 1을 받은 상태를 one_1, 두 개의 1을 받은 상태를 two_1, 그리고 한 개의 0을 받은 상태를 one_0, 두 개의 0을 받은 상태를 two_0으로 나타내었다.

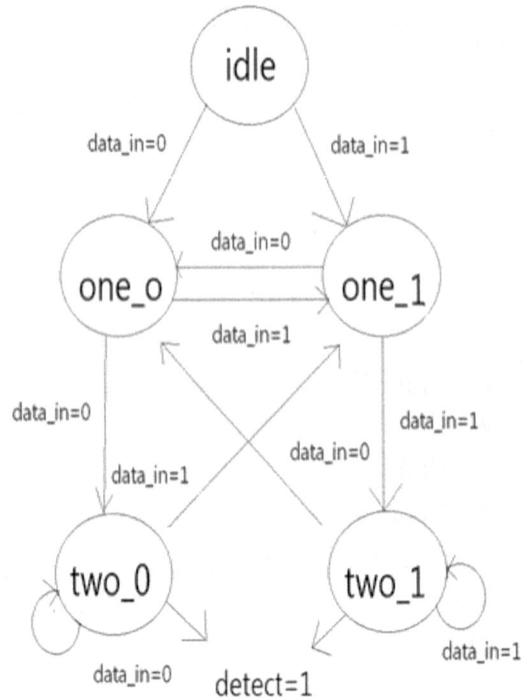

그림 14.4 연속 두 비트 검출하는 예제에 대한 상태도

이것에 대한 코드를 다음에 보였다. 입력 신호로 데이터가 들어오는 data_in, 전원이 공급될 낮은 idle 상태로 리세트시키는 낮은 수준 동작 신호인 rst_n, 및 클록 신호 clk가 있고 출력 신호로 detect가 있다.

```
module bits_report(clk, rst_n, data_in, detect);
  input data_in, clk, rst_n;
  output detect;

  parameter idle= 3'b000;
  parameter one_0= 3'b001;
  parameter one_1= 3'b010;
  parameter two_0= 3'b011;
  parameter two_1= 3'b100;
  reg[2:0] state, next;

  always @(posedge clk or negedge rst_n)
    if(!rst_n) state <= idle;
    else state <= next;

  always @(state or data_in) begin
    case(state)
      idle : if(data_in) next <= one_1; else next <= one_1;
      one_1: if(data_in) next <= two_1; else next <= one_0;
      one_0: if(data_in) next <= one_1; else next <= two_0;
      two_1: if(data_in) next <= two_1; else next <= one_0;
      two_0: if(data_in) next <= one_1; else next <= two_0;
      default: next_state <= idle;
    endcase
  end

  assign detect = (state == two_0) || (state == two_1);

endmodule
```

위 코드의 시뮬레이션 결과는 다음과 같다.

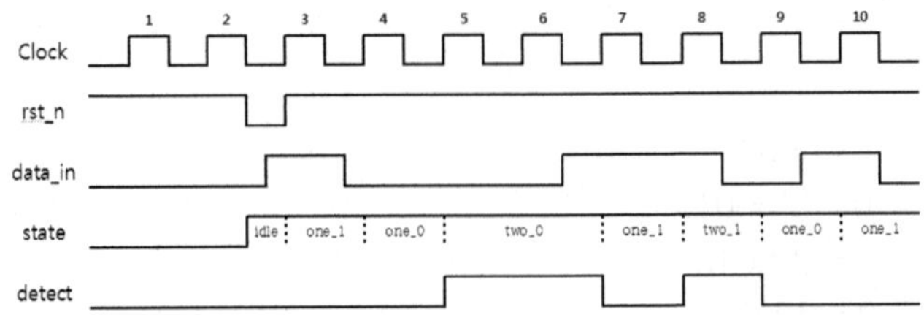

그림 14.5 연속 두 비트 검출하는 예제의 시뮬레이션 결과

위 코드를 SystemVerilog로 구현해본다.

```
module bits_report(
  input logic clk, rst_n, data_in,
  output logic detect);

  typedef enum bit [2:0] {idle, one_0, one_1, two_0, two_1} state_t;
  state_t state, next;

  // state logic
  always_ff @(posedge clk, negedge rst_n)
    if(!rst_n) state <= idle;
    else state <= next;

  // next state logic
  always_comb @(state or data_in) begin
    case(state)
      idle : if(data_in) next <= one_1; else next <= one_1;
      one_1: if(data_in) next <= two_1; else next <= one_0;
      one_0: if(data_in) next <= one_1; else next <= two_0;
      two_1: if(data_in) next <= two_1; else next <= one_0;
      two_0: if(data_in) next <= one_1; else next <= two_0;
      default: next_state <= idle;
    endcase
  end

  // output logic
  assign detect = (state == two_0) || (state == two_1);

endmodule
```

연습문제

1. 2비트 검출 회로를 Mealy FSM으로 구현하라.
2. 다음 코드에 대한 상태도를 그려라.

```
module reduce (clk, reset, in, out);
input clk, reset, in;
output out;
reg out;
reg state; // state register
reg next_state;
parameter zero = 0, one = 1;

always @(posedge clk)
    if (reset) state = zero;
    else state = next_state;

always @(in or state) begin
    out = 0;
    next_state = zero;
    case (state)
        zero: // last input was a zero
            if (in) next_state = one;
        one: // we've seen one 1
            if (in) begin
                next_state = one;
                out = 1;
            end
    endcase
end

endmodule
```

15
CHAPTER

계수기 모델링 예

학습목표

- 계수기를 구현하는 예를 보인다
- 테스트벤치 만드는 법에 대해서 공부한다

다음의 계수기를 설계한다.

1. 네 비트 동기 **상향 계수기(up counter).**
2. **높은 수준 동작(active-high)** 동기식 reset.
3. 높은 수준 동작 enable.

다음 코드는 구현된 계수기이다.

```
module up_counter(clock, reset, enable, counter_out);
input clock, reset, enable;
output [3:0] counter_out;
reg [3:0] counter_out;
wire clock, reset, enable;

always @(posedge clock) begin: COUNTER
   if(reset)
      counter_out <= #1 4'b0;
   else if(enable)
      counter_out <= #1 counter_out + 1;
end

endmodule
```

위의 회로를 테스트하기 위하여 clock, reset, 및 enable 신호를 발생시켜주는 논리 회로가 필요하다. 그리고 출력에서는 정상적으로 동작하는지 파형을 보는 것도 중요하다. 이러한 것을 Verilog를 통해서 가능하다. 이런 용도로 구현된 코드를 **테스트벤치(test bench)** 라고 한다.

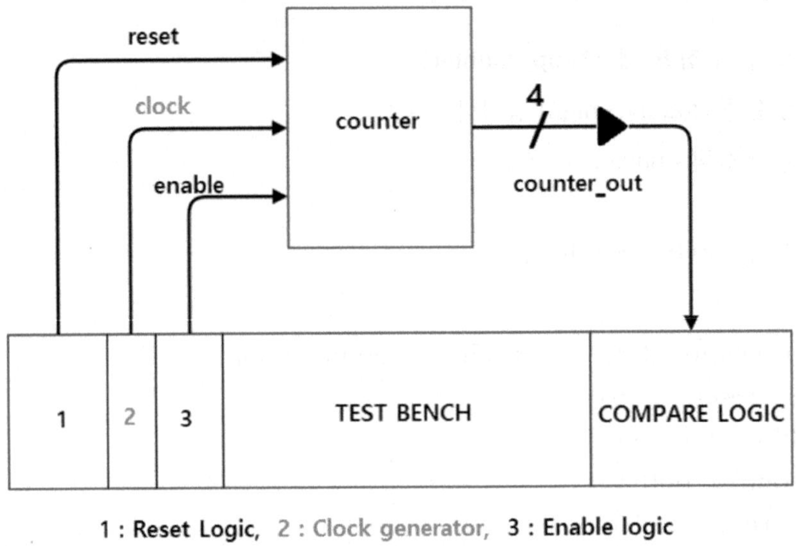

그림 15.1 계수기에 대한 구현될 테스트 벤치

먼저 테스트벤치는 회로의 입·출력 신호에 있어서 입력은 내부에서 발생되고 출력도 내부에서 검토되므로 외부 포트 신호가 전혀 없다. 입력에 값을 주어야 하므로 설계된 계수기의 입력 신호들은 reg 자료형을 가져야 하고 출력은 wire 자료형을 가져야한다. 첫 번째 initial 절차적 블록은 모든 입력 신호를 0으로 초기화하였다. 그 다음의 always는 주기 10 단위 시간의 클록을 발생한다. 모듈명과 파일명을 일치시키는 것이 관리 측면에서 유리하다. 두 번째 initial 블록은 덤프 파일명을 지정하고 하부 모듈을 포함한 모든 신호들을 출력한다. 그 다음 always 블록은 설계된 계수기의 출력과 동일한 출력을 발생하도록 모방하는 회로이다. 원래 계수기의 출력과 모방하는 계수기의 출력이 동일하면 오류가 없고 그렇지 않으면 설계 잘못이 있는 것이다. 그래서 다음 always 블록은 오류가 있을 시 오류를 표준 출력에 출력하도록 구성하였다. 그리고 5 단위 시간 경과 후 terminate_sim 사건을 발생시킨다.

```
`include "up_counter.v"
module up_counter_tb();
reg clock, reset, enable;
wire [3:0] counter_out;
reg [3:0] compare_out;
event terminate_sim, reset_trigger, reset_done_trigger;

up_counter U0 (.clock(clock), .reset(reset), .enable(enable),
              .counter_out(counter_out)); //모듈 가져오기 (instantiation)

initial begin
   clock = 0;
   reset = 0;
   enable = 0;
end

always
   #5 clock = ~clock

initial begin
   $dumpfile("up_counter.vcd");
   $dumpvars;
end

always @(posedge clock) begin
   if(reset)
      compare_out = 4'b0;
   else if(enable)
      compare_out = compare_out + 1;
end
```

```
always @(posedge clock)
    if(compare_out != counter_out) begin
        $display("DUT error at time %d", $time);
        $display("COMPARE_OUT = %d COUNTER_OUT = %d",
            compare_out, counter_out);
        #5 ->terminate_sim;
end
```

다음 initial 블록에서 이 사건을 받아 5 단위 시간 경과 후 시뮬레이션을 끝낸다. 이제 마지막으로 테스트 패턴에 따라서 reset과 enable 신호들을 발생시켜 주면 된다. 다음과 같이 테스트 패턴을 발생하는 것으로 하자.

1. reset 테스트: reset = 0에서 시작하여 몇 개의 클록 사이클 동안 1로 만들었다가 다시 0으로 만든다.
2. enable: 리세트된 후 enable을 1로 만든다.

```
initial begin
    @(terminate_sim);
    #5 $finish;
end

//여기서부터 reset과 enable 신호를 발생시키면 된다.
initial begin
    #10 -> reset_trigger;
    @(reset_done_trigger);
    @(negedge clock);
    enable = 1;
    repeat(10)
        @(negedge clock);
    enable = 0;
end

initial begin
    forever begin
        @(reset_trigger);
        @(negedge clock);
        reset = 1;
        @(negedge clock);
        reset = 0;
        -> reset_done_trigger;
    end
end

endmodule
```

만약 reset과 enable을 무작위로 발생한다면 다음과 같이 수정해 주면 된다.

```
`include "up_counter.v"
module up_counter_tb();
reg clock, reset, enable;
wire [3:0] counter_out;
reg [3:0] compare_out;
event terminate_sim, reset_trigger, reset_done_trigger;

up_counter U0 (.clock(clock), .reset(reset), .enable(enable),
              .counter_out(counter_out)); //모듈 가져오기 (instantiation)

initial begin
   clock = 0;
   reset = 0;
   enable = 0;
end

always
   #5 clock = ~clock

initial begin
   $dumpfile("up_counter.vcd");
   $dumpvars;
end

always @(posedge clock) begin
   if(reset)
      compare_out = 4'b0;
   else if(enable)
      compare_out = compare_out + 1;
end
```

```
always @(posedge clock) begin
    if(compare_out != counter_out) begin
        $display("DUT error at time %d", $time);
        $display("COMPARE_OUT = %d COUNTER_OUT = %d",
            compare_out, counter_out);
        #5 ->terminate_sim;
    end
end

initial begin
    @(terminate_sim);
    #5 $finish;
end

//여기서부터 reset과 enable 신호를 발생시키면 된다.
initial begin
    #10 -> reset_trigger;
    @(reset_done_trigger);
    fork
        repeat(10) begin
            @(negedge clock);
            enable = $random;
        end
        repeat(10) begin
            @(negedge clock);
            reset = $random;
        end
    join
end

endmodule
```

연습문제

1. 다음 코드는 무엇을 구현한 것일까?

```
module count16 (count, count_tri, clk, rst_l, load_l, enable_l, cnt_in,
   oe_l);
output [3:0] count;
output [3:0] count_tri;
input clk;
input rst_l;
input load_l;
input enable_l;
input [3:0] cnt_in;
input oe_l;
reg [3:0] count;

// tri-state buffers
assign count_tri = (!oe_l) ? count : 4'bzzzz;

// synchronous 4 bit counter
always @ (posedge clk or negedge rst_l) begin
   if (!rst_l)
       count <= #1 4'b0000;
   else if (!load_l)
       count <= #1 cnt_in;
   else if (!enable_l)
       count <= #1 count + 1;
end

endmodule
```

2. 위 회로의 테스트벤치 파일을 실행했을 때의 출력을 구하라.

```
`timescale 1 ns / 100 ps
module cnt16_tb ();
//inputs
reg clk_50;
reg rst_l, load_l, enable_l;
reg [3:0] count_in;
reg oe_l;
//outputs
wire [3:0] cnt_out;
wire [3:0] count_tri;

count16 U1 ( .count(cnt_out),
.count_tri(count_tri),
.clk(clk_50),
.rst_l(rst_l),
.load_l(load_l),
.cnt_in(count_in),
.enable_l(enable_l),
.oe_l(oe_l)
);


always
#10 clk_50 = ~clk_50;

initial begin
    $display($time, " << Starting the Simulation >>");
    clk_50 = 1'b0;
    rst_l = 0;
    enable_l = 1'b1;
```

```
    load_l = 1'b1;
    count_in = 4'h0;
    oe_l = 4'b0;
    #20 rst_l = 1'b1;
    $display($time, " << Coming out of reset >>");
    @(negedge clk_50); // wait till the negedge of
    // clk_50 then continue
    load_count(4'hA);
    // and pass 4'hA
    @(negedge clk_50);
    $display($time, " << Turning ON the count enable >>");
    enable_l = 1'b0;
    wait (cnt_out == 4'b0001); // wait until the count
    // equals 1 then continue
    $display($time, " << count = %d - Turning OFF the count enable >>",
        cnt_out);
    enable_l = 1'b1;
    #40;
    // let the simulation run for 40ns
    // the counter shouldn't count
    $display($time, " << Turning OFF the OE >>");
    oe_l = 1'b1;
    // disable OE, the outputs of
    // count_tri should go high Z.
    #20;
    $display($time, " << Simulation Complete >>");
    $stop;
end
```

```
task load_count;
input [3:0] load_value;
@(negedge clk_50);
$display($time, " << Loading the counter with %h >>", load_value);
load_l = 1'b0;
count_in = load_value;
@(negedge clk_50);
load_l = 1'b1;
endtask //of load_count

endmodule //of cnt16_tb
```

16
CHAPTER

RTL(Register Transfer Level) 모델링

학습목표

- RTL 모델링으로 구현하는 예를 보인다
- Booth 곱셈기를 구현한다

많은 입•출력 포트 신호가 있는 경우 게이트 수준 모델링과 구조적 모델링으로 설계하기 불가능하다. 그래서 이런 경우 데이터를 처리하는 데이터 경로(data path: DP)와 이 처리기에 순차적인 제어 신호를 보내어 주는 FSM인 제어 장치(control unit: CU)로 나누어 설계하는 것이 효과적이다. 이것을 RTL(register transfer level) 모델링이라 한다. DP로는 레지스터(register), 계수기(counter), 다중화기(multiplexer), 복호기(decoder), 및 논리 게이트들과 덧셈기(adder), 뺄셈기(subtractor), 비교기(comparator), 및 곱셈기(multiplier) 등이 있다.

설계 방법은 다음 과정을 밟는다.

1. 전체 회로에 대한 모든 입력 및 출력을 식별한다. 별도로 데이터 입력/출력 및 제어 입력/출력(외부 상태)을 식별한다
2. 필요한 DP 블록과 해당 제어 신호를 식별하고 설계한다.
3. DP 및 제어 장치에 대한 입력 및 출력 신호를 식별한다.
4. CU를 설계하고(상태도를 얻은 것으로 시작하여, 다음 상태 및 출력 방정식을 얻고 마지막으로 논리를 구현함) DP에 연결한다.

다음 그림과 같이 DP와 CU는 모두 시스템의 기본 입력(primary input: PI)을 수신하고 기본 출력(primary output)을 생성한다.

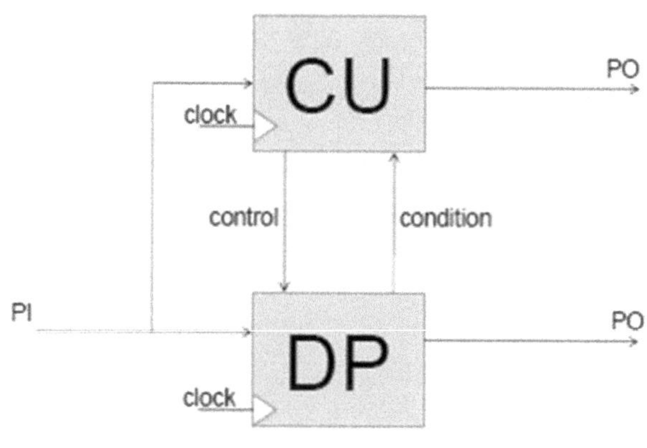

그림 16.1. DP와 CU를 나누기

DP와 CU는 두 가지 유형의 신호를 통해 통신한다.

1. 제어 신호는 CU에서 DP로 출력되고 작업을 올바르게 동기화한다.
2. 조건 신호(또는 플래그)가 DP에서 CU로 전송되어 특정 데이터 종속 조건 (미래 동작에 영향을 줄 수 있음)을 나타낸다.

이들 신호들을 예로 들면 아래와 같다.

- 외부 제어 신호: 전체 회로에서 필요한 작업 지정(예 : 어떤 정수들의 평균 계산)
- 외부 상태 신호: 전체 회로의 상태를 나타낸다(예: 처리 완료, 오류, 또는 오버플로 등).
- 외부 데이터 입력/출력: 회로로 들어가거나 회로에서 나오는 데이터(예: 평균할 정수 및 평균값)
- DP 제어 신호: DP의 다른 블록을 제어하기 위해 CU에서 생성된 신호(예: 시프트 레지스터, 계수기, 다중화기 등)
- DP 상태 신호: DP에서 일부 블록의 상태를 나타내는 신호(예: 계수기가 7에 도달하거나 가산기가 캐리 또는 오버플로를 생성할 때 또는 결과의 부호 비트가 음수일 때 등)

Booth 곱셈기를 구현해 본다. Booth 곱셈기의 알고리즘의 유통도 (flow chart)를 다음에 보였다.

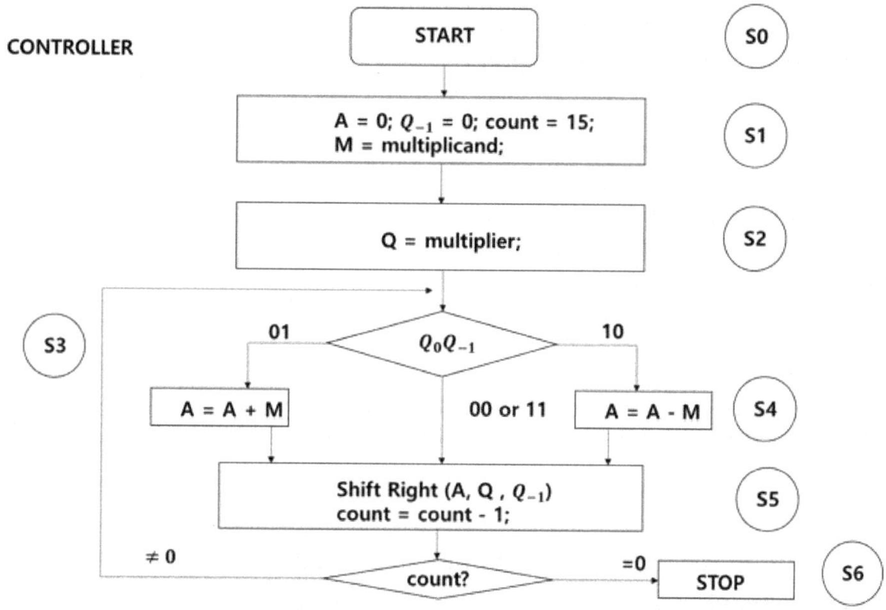

그림 16.1. Booth 곱셈기의 알고리즘의 유통도 (flow chart)

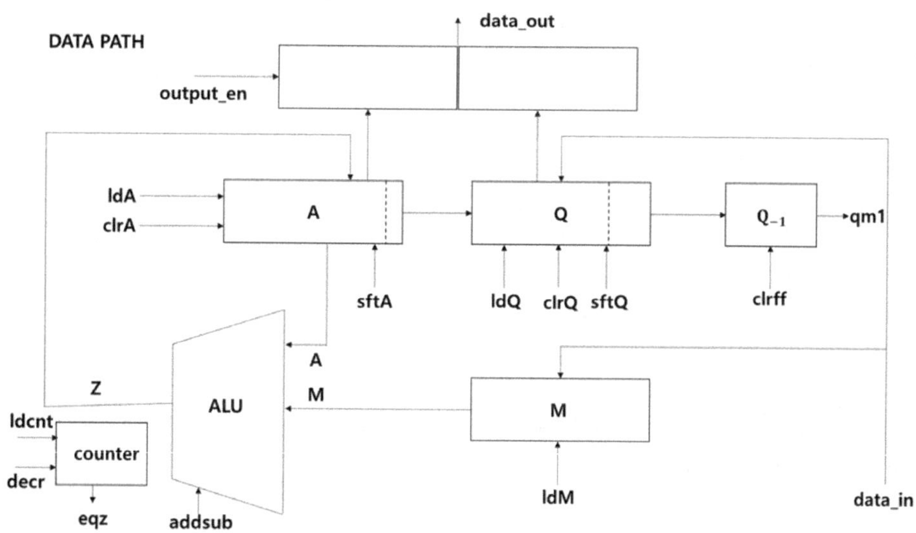

그림 16.2. Booth 곱셈기의 DP

DP 내의 각 sub-block들을 구현한다. 다음은 시프트 레지스터를 구현한 것이다.

DP의 블록도는 다음과 같이 구현한다.

```
module shiftreg(data_out, data_in, s_in, clk, ld, clr, sft);
// shift right register with a synchronous load
// and a synchronous shift control
input s_in, clk, ld, clr, sft;
input [15:0] data_in;
output reg[15:0] data_out;
always @(posedgeclk)
  if (clr== 1)        data_out <= 0;
  else if (ld== 1) data_out <= data_in;
  else if (sft== 1) data_out <= {s_in, data_out[15:1]};
endmodule
```

다음은 병렬 입력과 병렬 출력 (parallel input and parallel output: PIPO) 레지스터를 구현한 것이다.

```
module PIPO(data_out, data_in, clk, load);
// parallel input and parallel output register
// with a synchronous load
input clk, load;
input [15:0] data_in;
output reg[15:0] data_out;
always @(posedge clk)
  if(load == 1)        data_out <= data_in;
endmodule
```

다음은 D F/F을 구현한 것이다.

```
module dff(d, q, clk, clr);
// 1-bit d f/f with a synchronous clear (clr)
input d, clk, clr;
output reg q;
always @(posedge clk)
  if (clr== 1) q <= 0;
  else         q <= d;
endmodule
```

다음은 덧셈과 뺄셈을 담당하는 ALU을 구현한 것이다.

```
module ALU(out, in1, in2, addsub);
// 16-bit adder and subtracter
// addsub = 1: Adder
// addsub = 0: Subtractor
output reg[15:0] out;
input [15:0] in1, in2;
input addsub;
always @(*)
  if (add_sub == 0) out = in1 - in2;
  else              out = in1 + in2;
endmodule
```

다음은 계수기를 구현한 것이다.

```
module counter(data_out, decr, ldcnt, clk);
// 5-bit down counter with a synchronous load (ldcnt)
// and a synchronous counter enable (decr)
output [4:0] data_out;
input decr, clk;
always @(posedge clk)
  if (ldcnt== 1)     data_out <= 5b'1_0000;
  else if (decr== 1) data_out <= data_out - 1;
end
endmodule;
```

마지막으로 이들 sub-block들을 통합한 DP를 다음에 보였다.

```
module data_path(ldA, ldQ, ldM, clrA, clrQ, clrff, sftA,
     sftQ, addsub, decr, ldcnt, data_in, data_out,
     output_en, clk, qm1, eqz);
input ldA, ldQ, ldM, clrA, clrQ, clrff, sftA, sftQ,
     addsub, clk;
input [15:0] data_in;
output [31:0] data_out;
output qm1, eqz;
wire [15:0] A, M, Q, Z;
wire a_ld, a_sel, b_ld, b_sel;
wire [4:0] count;
assign eqz = ~|count;
shiftreg AR(A, Z, A[15], clk, ldA, clrA, sftA);
shiftreg QR(Q, data_in, A[0], clk, ldQ, clrQ, sftQ);
dff QM1(Q[0], qm1, clk, clrff);
PIPO MR(data_in, M, clk, ldM);
ALU AS(Z, A, M, addsub);
counter CN(count, decr, ldcnt, clk);
assign data_out = output_en ? {A, Q} : 32'bz;
endmodule;
```

이제 이들을 제어할 CU를 설계한다. 이것에 대한 상태도는 다음과 같이 얻을 수 있다.

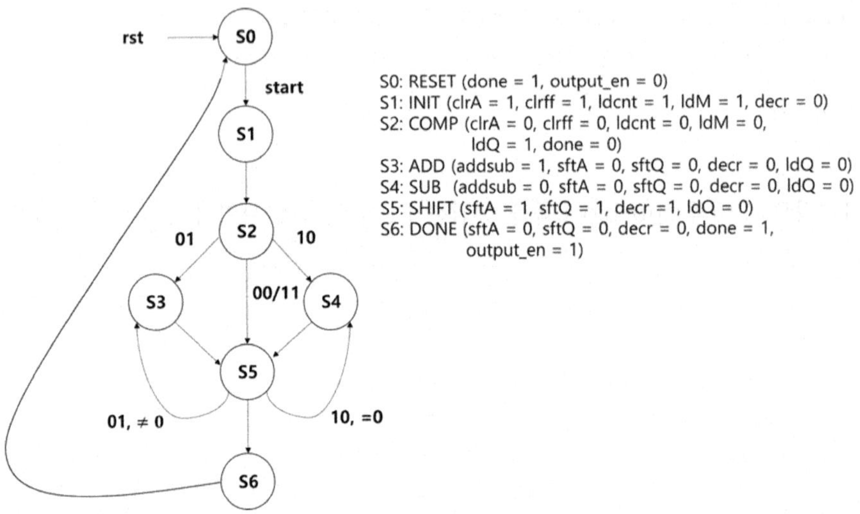

그림 16.3. Booth 곱셈기의 CU에 대한 상태도

Booth 곱셈기의 CU에 대한 상태도에 따라 구현한 FSMdms 다음과 같다.

```
module controller(ldA, clrA, sftA, ldQ, clrQ, sftQ, ldM,
  clrff, addsub, start, decr, ldcnt, done, output_en;
  clk, rst, q0, qm1, eqz);
input clk, rst, q0, qm1, eqz, start;
output regldA, clrA, sftA, ldQ, clrQ, sftQ, ldM, clrff,
       addsub, decr, ldcnt, done;
reg[2:0] state;

parameter S0 = 3'b000; // reset
parameter S1 = 3'b001; // initialization
parameter s2 = 3'b010; // comparison
parameter S3 = 3'b011; // addition
parameter S4 = 3'b100; // subtraction
parameter S5 = 3'b101; // shift right
parameter S6 = 3'b110; // done
always @(posedgeclk) begin
  if (rst== 1) state <= S0
  else
    case(state)
      S0: if (start == 1) state <= S1;
      S1: state <= S2;
      S2: #2 if ({q0, qm1} == 2'b01) state <= S3;
        else if ({q0, qm1} == 2'b10) state <= S4;
        else state <= S5;
      S3, S4:
        state <= S5;
      S5: #2 if ({q0, qm1} == 2'b01 && !eqz) state <= S3;
        else if ({q0, qm1} == 2'b10 && !eqz) state <= S4;
        else if (eqz) state <= S6;
      S6: state <= S0;
      default: state <= S0;
  endcase
end
always @(state) begin
  case(state)
    S0: begin clrA <= 0; ldA <= 0; sftA <= 0; ldQ <= 0;
       clrQ <= 0; sftQ <= 0; done <= 1; output_en <= 0;
       ldM <= 0; clrff <= 0; end
    S1: begin clrA <= 1; clrff <= 1; ldcnt <= 1;
```

```
      ldM <= 1; done <= 1; decr <= 0; end
   S2: begin clrA <= 0; clrff <= 0; ldcnt <= 0;
      ldM <= 0; ldQ <= 1; done <= 0; end
   S3: begin ldA <= 1; addsub <= 1; ldQ <= 0; sftA <= 0;
      sftQ <= 0; decr <= 0; end
   S4: begin ldA <= 1; addsub <= 0; ldQ <= 0; sftA <= 0;
      sftQ <= 0; decr <= 0; end
   S5: begin sftA <= 1; sftQ <= 1; ldA <= 0; ldQ <= 0;
      decr<= 1; end
   S6: begin sftA <= 0; sftQ <= 0; decr <= 0; done <= 1;
      output_en <= 1; end
   default: begin clrA <= 0; ldA <= 0; sftA <= 0; done <= 1;
      output_en <= 0; ldQ <= 0; clrQ <= 0; sftQ <= 0;
      ldM <= 0; clrff <= 0;
  end
  endcase
end
endmodule
```

DP와 CU를 연결하여 통합시킨 시스템은 다음과 같다.

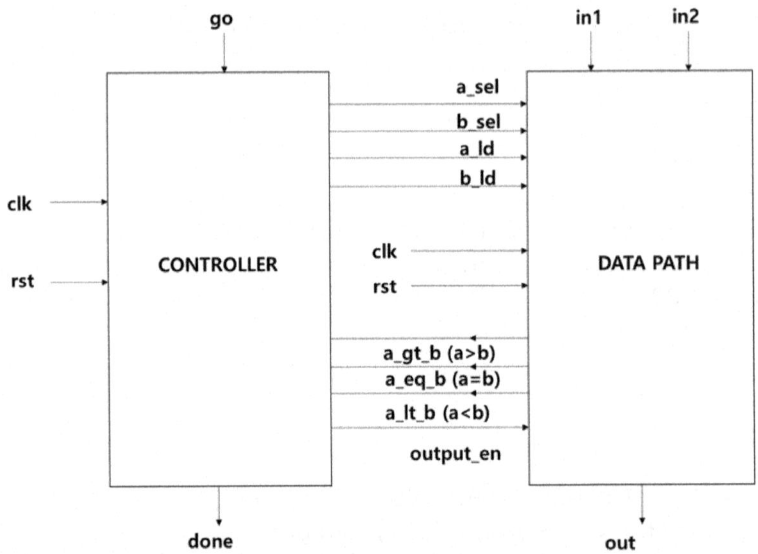

그림 16.4. DP와 CU를 연결하여 통합시킨 Booth 곱셈기

이것을 구현한 것은 다음과 같다.

```
module booth_mul(clk, rst, start, data_in, data_out, done;
input [15:0] data_in;
input clk, rst, start;
wire [31:0] data_out;
output done;

wire ldA, clrA, sftA, ldQ, clrQ, sftQ, ldM, clrff,
      addsub, decr, ldcnt, output_en, q0, qm1, eqz;

controller C1(ldA, clrA, sftA, ldQ, clrQ, sftQ, ldM, clrff,
 addsub, start, decr, ldcnt, done, output_en, clk, rst, q0,
 qm1, eqz);
data_path D1(ldA, ldQ, ldM, clrA, clrQ, clrff, sftA,
     sftQ, addsub, decr, ldcnt, data_in, data_out,
     output_en, clk, qm1, eqz);

endmodule;
```

다음과 같이 테스트할 테스트벤치를 만든다.

1. 칩 리세트
2. start 켜기
3. 피승수 입력
4. 승수 입력
5. done = 0일 때까지 대기
6. start 제거(FSM이 시작될 것임)
7. done = 1일 때까지 대기
8. 출력 읽음

이런 계획에 따라 제작된 테스트벤치는 다음과 같다.

```
module booth_mul_tb;
regclk, rst, start;
reg[7:0] data_in;
wire [31:0] data_out;
wire done;

booth_mulBOOTH(clk, rst, start, data_in, data_out,
          done);

always begin
  clk = 0; #25 clk = 1; #25;
end

initial begin
  $dumpfile("dump.vcd");
  $dumpvars;
  $dumpon;
  #4000 $dumpoff;
end
initial begin
  rst = 1; start = 0;
  #100 rst = 0;      // reset for 2 clock cycles
  #100 start = 1;
  #50 data_in = -10; // multiplicand
  #50 data_in = 5;   // multiplier
  while(done == 1) begin #50; end
  start = 0;
  while(done != 1) begin #50; end
  $display("done = %b out = %b", done, out);
  #2000 $finish;
end
endmodule
```

17

CHAPTER

SystemVerilog로 테스트벤치 만들기

학습목표

- SystemVerilog로 테스트벤치 만든다
- UVM의 계층구조와 유사하게 구현하는 법을 배운다

UVM(Universal Verification Methodology)은 업계 전반에 걸쳐 검증 환경 및 검증 IP(VIP)를 더 빠르게 개발하고 재사용 할 수 있는 표준이다. 이것에 대해서는 다음 장에서 자세하게 다룰 것이다.

이 장에서는 다음 장과 유사하게 순수하게 SystemVerilog로만 UVM 프레임워크과 유사하게 테스트벤치를 만드는 것에 대해서 설명한다. 구현할 테스트벤치의 계층 구조는 다음 그림과 같다.

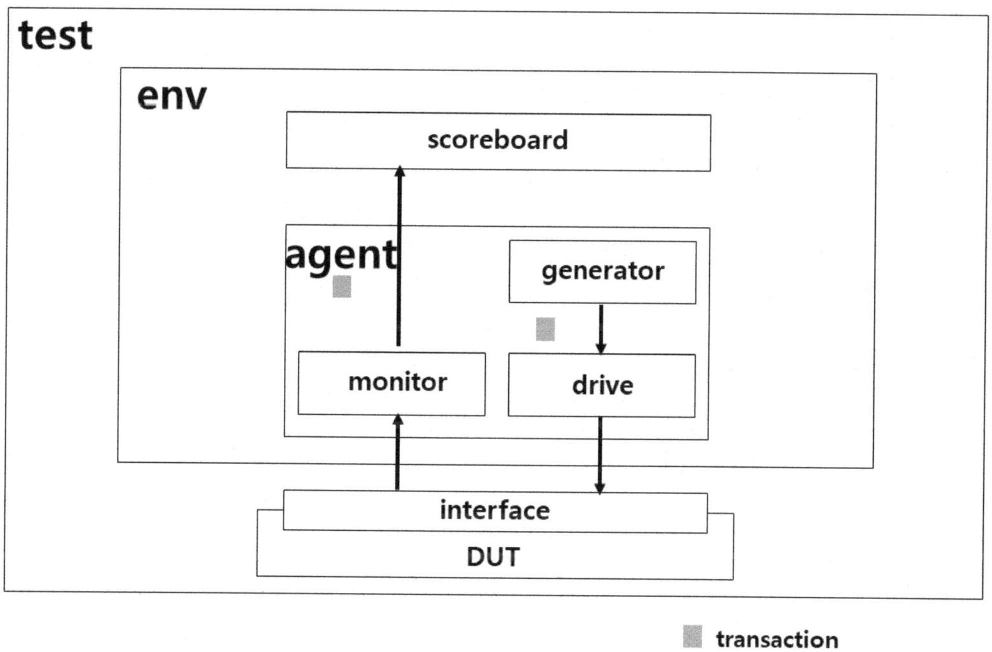

그림 17.1. 테스트벤치 계층적 구조

4비트 이진 코드 b[3:0]를 4비트 Gray 코드 g[3:0]로 변환하는 설계(design)를 SystemVerilog 기능만 사용하여 다음 정에서 다루는 UVM 프레임워크를 사용하여 검증하는 것처럼 테스트벤치를 만드는 것에 대해서 소개한다. 클록의 상승 모서리에서 valid 신호가 높을 때 입력 코드 b를 받아서 다음 클록에서 변환 코드 g를 출력한다. 변환 관계는 다음과 같다. 여기서 ^는 XOR 연산을 의미한다.

```
g[3] = b[3];
g[2] = b[3] ^ b[2];
g[1] = b[2] ^ b[1];
g[0] = b[1] ^ b[0];
```

```
module code_conv(
  input clk, reset,
  input [3:0] b,
  input valid,
  output reg [3:0] g);
  always @(posedge reset)
    g <= 0;
  always @(posedge clk) begin
    if(valid) begin
      g[3] <= b[3];
      g[2] <= b[3] ^ b[2];
      g[1] <= b[2] ^ b[1];
      g[0] <= b[1] ^ b[0];
    end
  end
endclass
```

먼저 이것에 대한 인터페이스를 먼저 보인다.

```
interface intf(input logic clk, reset);
  logic [3:0] b, g;
  logic valid;
endinterface;
```

그리고 이들 간에 오가는 패킷 내의 데이터를 다음과 같이 정의한다.

```
class transaction;
  rand bit [3:0] b;
  bit [3:0] g;
  constraint c_mode {b>2; b<=12;}
  function void display(string name);
    $display("%s", name);
    $display("b=%0d", b);
    $display("g=%0d", g);
  endfunction
endclass
```

위의 패킷들의 무작위로 시퀀스를 생성하는 발생기(generator) 클래스를 다음과 정의한다. 구성원 main 방법에서 repeat_count 만큼 생성된 데이터 시퀀스를 put 방법을 이용하여 우편함 gen2drv에 넣고 드라이버에 넘겨준다. 그리고 ended 사건(event)을 발생시킨다.

```
class generator;
  rand transaction trans;
  int repeat_count;
  mailbox gen2drv;
  event ended;

  function new(mailbox gen2drv);
    this.gen2drv = gen2drv;
  endfunction

  task main();
    repeat(repeat_count) begin
      trans = new();
      if(!trans.randomize()) $fatal("Gen: trans randomization failed.");
      gen2drv.put(trans);
    end
    ->ended;
  endtask
endclass
```

그리고 무작위 패킷 시퀀스들을 인터페이스에 구동할 드라이버를 다음과 같이 정의한다. 구성원 main 방법에서 우편함 gen2drv로부터 get 방법을 사용하여 패킷을 가져와서 클록의 상승 모서리에 인터페이스에 이진 코드를 구동하고 valid 신호를 높게 만들었다가 다음 클록의 상승 모서리에 낮게 만들고 no_transactions를 하나 증가시킨다.

```
class driver;
  int no_transactions;
  virtual intf vif;
  mailbox gen2drv;

  function new(virtual intf vif, mailbox gen2drv);
```

```
    this.vif = vif;
    this.gen2drv = gen2drv;
  endfunction

  task reset;
    wait(vif.reset);
    $display("Drv: reset started.");
    vif.b <= 0;
    vif.valid <= 0;
    wait(!vif.reset);
    $display("Drv: reset ended.");
  endtask

  task main;
    forever begin
      transaction trans;
      trans = new();
      gen2drv.get(trans);
      @(posedge vif.clk);
      vif.valid <= 1;
      vif.b <= trans.b;
      @(posedge vif.clk);
      vif.valid <= 0;
      trans.g <= vif.g;
      @(posedge vif.clk);
      trans.display("[Driver]");
      no_trasactions++;
    end
  endtask
endclass
```

반대로 인터페이스로부터 신호를 모니터링하는 모니터를 다음과 같이 정의한다. 구성원 main 방법에서 인터페이스로부터 샘플링된 신호를 우편함 mon2scb에 보내고 나중에 커버나 점수판(socoreboard)에 보낸다.

```
class monitor;
  virtual intf vif;
  mailbox mon2scb;

  function new(virtual intf vif, mailbox mon2scb);
    this.vif = vif;
    this.mon2scb = mon2scb;
  endfunction

  task main;
    forever begin
      transaction trans;
      trans = new();
      @(posedge vif.clk);
      wait(vif.valid);
      trans.b = vif.b;
      @(posedge vif.clk);
      trans.g <= vif.g;
      @(posedge vif.clk);
      mon2scb.put(trans);
      trans.display("[Monitor]");
    end
  endtask
endclass
```

다음은 기준 모델과 설계된 모델간의 비교를 위한 점수판을 정의한다. 구성원 main 방법에서 인터페이스로부터 샘플링된 신호를 저장하고 있는 우편함 mon2scb으로부터 패킷을 받아 설계로부터의 출력과 기준 모델로부터의 알고 있는 출력과 같은지 비교한다.

```
class scoreboard;
  int no_transactions;
  mailbox mon2scb;

  function new(mailbox mon2scb);
    this.mon2scb = mon2scb;
  endfunction

  task main();
    transaction trans;
    forever begin
      mon2scb.get(trans);
      if( (trans.b[3]==trans.g[3]) && (trans.b[2]^trans.b[3]==trans.g[2]) &&
          (trans.b[2]^trans.b[1]==trans.g[1])                              &&
(trans.b[1]^trans.b[0]==trans.g[0]));
        $display("Result is as expected.");
      else
        $display("Wrong result.");
      no_transactions++;
      trans.display("[Scoreboard]");
    end
  enstask
endclass
```

그리고 각 클래스들이 공통의 데이터베이스에 관련 정보를 넣고 그들간에 공유할 수 있는 구성(configuration)을 설정하고 얻을 수가 있다. 보통 singleton 클래스로 정의된다.

```
class my_config;
  static mailbox gen2drv = new();
endclass
```

다음은 여태 정의한 클래스인 발생기, 드라이버, 모니터, 및 점수판을 포함하는 클래스인 환경(environment)을 정의한다. 구성원 run 방법으로 기동된다.

```
class environment;
  generator gen;
  driver drv;
  monitor mon;
  scoreboard scb;
  mailbox gen2drv;
  mailbox mon2scb;
  virtual intf vif;

  function new(virtual intf vif);
    this.vif = vif;
    gen2drv = new();
    mon2scb = new();
    gen = new(gen2drv);
    drv = new(vif, gen2drv);
    mon = new(vif, mon2scb);
    scb = new(mon2scb);
  endfunction

  task pre_test();
    drv.reset();
  endtask

  task test();
    fork
      gen.main();
      drv.main();
      mon.main();
```

```
      scb.main();
    join_any
  endtask

  task post_test();
    wait(gen.ended.triggered);
    wait(gen.repeat_count  == drv.no_transactions);
    wait(gen.repeat_count  == scb.no_transactions);
  endtask

  task run();
    pre_test();
    test();
    post_test();
    $finish;
  endtask
endclass
```

마지막으로 테스트를 담당하는 클래스를 기동하는 program을 정의한다. 여기에서는 4번 패킷을 발생하고 있다.

```
program test(intf i_intf);
  environment env;

  initial begin
    env = new(i_intf);
    env.gen.repeat_cont = 4;
    env.run();
  end
endprogram
```

이번에는 지금까지 정의된 클래스들과 program을 이용하여 디자인을 테스트하는 최상위 모듈인 테스트벤치를 만든다. 인터페이스와 설계를 부품으로 가져오고, 클록과 리세트를 발생시켜 최상위 테스트 program이 기동되어 돌아간다.

```
module testbench_top;
  bit clk, reset;

  intf i_intf(clk, reset);

  test t1(i_intf);

  code_conv dut(
    .clk(i_intf.clk),
    .reset(i_intf.reset),
    .b(i_intf.b),
    .valid(i_intf.valid),
    .g(i_intf.g)
  );

  always #5 clk = ~clk;

  initial begin
    reset = 1;
    #5 reset = 0;
  end

  initial begin
    $dumpfile("dump.vcd");
    %dumpvars;
  end
endmodule
```

18

CHAPTER

UVM(Universal Verification Methodology) 테스트벤치 만들기

학습목표

- UVM(Universal Verification Methodology) 모델링에 대해서 공부한다
- UVM의 구성 요소에 대해서 살펴본다
- UVM을 이용한 테스트벤치 구현 예를 보인다

UVM(Universal Verification Methodology)은 업계 전반에 걸쳐 검증 환경 및 검증 IP(VIP)를 더 빠르게 개발하고 재사용 할 수있는 표준이다.

SystemVerilog(IEEE 1800)의 구문과 의미를 사용하여 정의된 클래스 라이브러리 집합이며 현재 IEEE 표준이다. UVM의 기본 아이디어는 여러 프로젝트에 배포할 수있는 API 프레임 워크를 제공하여 기업이 모듈 식, 재사용 가능 및 확장 가능한 테스트 벤치 구조를 개발하도록 돕는 것이다.

UVM은 주로 OVM(Open Verification Methodology)에서 파생되며 Synopsys, Cadence, Mentor 및 Aldec과 같은 여러 EDA 공급 업체에서 지원한다. UVM 클래스 라이브러리는 복사, 인쇄, 및 비교와 같은 데이터 자동화 기능 외에도 구성 데이터베이스, TLM, 및 구성 요소 계층과 같은 일반 유틸리티를 제공한다. 검증 환경이 모든 구성 요소가 특정 역할을 갖는 추상화 계층을 가져온다. 예를 들어 드라이버 클래스 객체는 신호를 설계로 전달하는 역할 만 담당하는 반면 모니터는 설계 인터페이스를 모니터링하고 해당 인터페이스로 신호를 전달하지 않는다.

인공지능 개발 프레임워크인 TensorFlow나 PyTorch와 같이 지침(guideline)에 따라 사용해야한다.

아래 이미지는 uvm_ 접두사로 표시되는 즉시 사용 가능한 UVM 클래스를 확장하여 일반적인 검증 환경을 구축하는 방법을 보여준다. 이러한 구성 요소에는 서로 연결하고 데이터 패킷을 처리하며 다른 구성 요소와 동기식으로 작동하는 데 필요한 코드가 이미 있다.

UVM 프레임워크은 계층적 구조로 다음 그림과 같이 구현되어 있다.

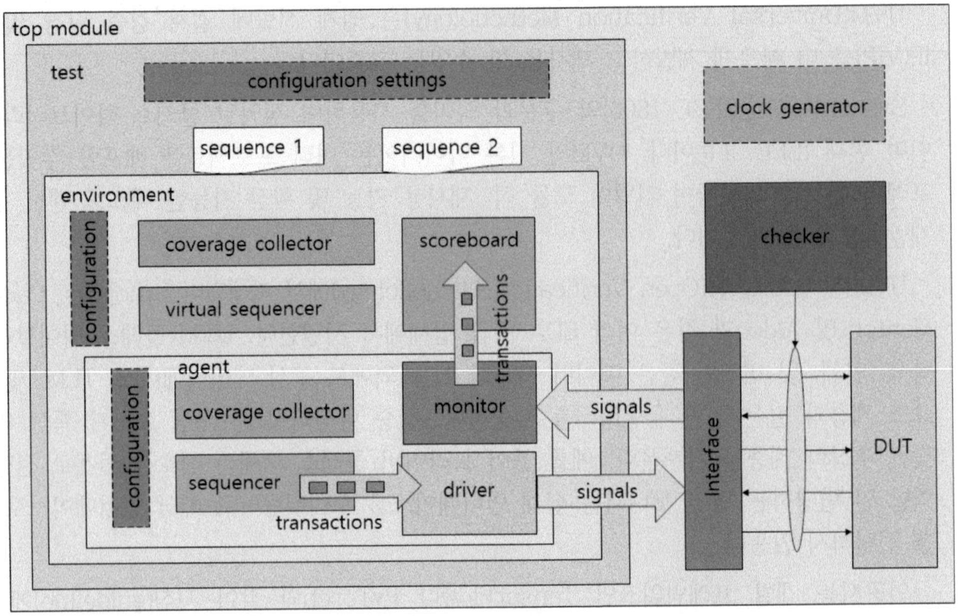

그림 18.1. UVM 계층적 구조

UVM으로 구현할 때 테스벤치와 설계를 제외하고는 모두 클래스로 구현되어 있다.

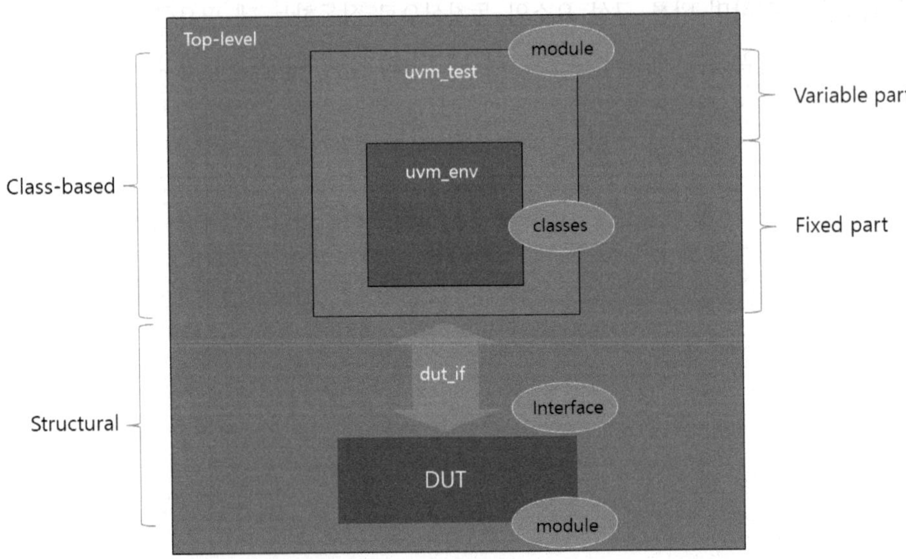

그림 18.2. DUT와 테스트벤치를 제외하고 클래스로 구현되어 있다.

1비트 수 carry, 8비트 수 dataA, dataB, 및 dataC가 있을 때, “{carry, dataC} = dataA+dataB”를 구현한 다음 설계(design)를 UVM 프레임워크를 사용하여 검증하는 것을 소개한다. 이것의 블록도를 다음에 보인다.

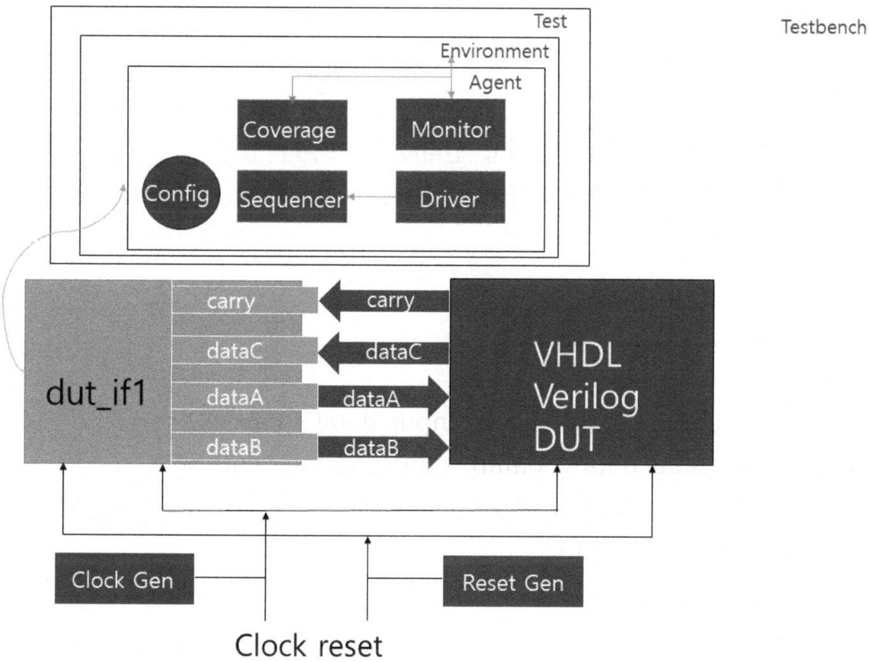

그림 18.3. UVM을 사용하여 구현할 테스트벤치 블록도

```
module dut(dut_if.DUT intf);
  always @(posedge intf.clk) begin
    {intf.carry, intf.dataC} <= intf.dataA + intf.dataB;
  end
endmodule
```

먼저 이것에 대한 인터페이스를 먼저 보인다. modport는 디자인 입장과 테스트벤치 입장에서 본 신호들의 방향을 정의한다.

```
interface dut_if(input clock, reset);
  logic [7:0] dataA, dataB, dataC;
  logic carry;
  modport TB (output dataA, dataB, input dataC, carry);
  modport DUT (input dataA, dataB, output dataC, carry);
endinterface
```

또한 여기에 인터페이스에 구동하고 인터페이스로부터 샘플링하는 유효 클록 모서리에 대한 타이밍 스큐(skew)를 클록킹 블록을 이용하여 여기에 다음과 같이 정의할 수도 있다.

```
interface dut_if(input clock, reset);
  logic [7:0] dataA, dataB, dataC;
  logic carry;
  modport TB (output dataA, dataB, input dataC, carry);
  modport DUT (input dataA, dataB, output dataC, carry);

  clocking cb @(posedge clk);
    default input #1step output #3ns;
    input carry, dataC;
    output dataA, dataB;
  endclocking
endinterface
```

그리고 이들 간에 오가는 패킷 내의 데이터를 다음과 같이 정의한다. 그리고 난수로 발생할 입력 데이터의 범위 및 커버할 내용을 이곳에 서술한다. 여기서 "cross A, B"는 데이터 A와 B간의 cross 커버리지를 하라는 뜻이다. 즉 A의 각 값에 대해서 B의 각 값들이 서로 몇 번 발생했는가에 대한 통계를 보여준다.

```
class dut_transaction extends uvm_sequence_item;
  `uvm_object_utils(dut_transaction)
  rand int A, B;
  bit [7:0] C;
  bit carry;
  constraint valueA {A inside {[0:255]};}
  constraint valueB {B >= 0; B <= 255;}

  covergroup fcov;
    DATA: cross A, B;
  endgroup

  function new(string name = "dut_transaction");
    super.new(name);
    fcov = new();
  endfunction

  function string convert2string;
    return $sformatf("A=%0h, B=%0h", A, B);
  endfunction
endclass
```

위의 패킷들의 무작위로 시퀀스를 생성하는 클래스를 다음과 정의한다. 여기에는 동작시킬 body 태스크가 존재한다. 드라이버와 TLM(transaction level modelling)을 구현한 방법인 start_item과 finish_item이 있다. UVM에서 데이터를 생성하는 방법에 다음과 같이 두 가지 방법이 있다. 보통 두 번째 방법이 더 선호된다.

1. dut_transaction tx = new();
2. dut_transaction tx = dut_transaction::type_id::create("tx");

```
class rndseq extend uvm_seq #(dut_transaction);
  `uvm_object_utils(rndseq)

  function new(string name = "rndseq");
    super.new(name);
  endfunction

  task body;
    dut_transaction tx = new();
    repeat(3) begin
      start_item(tx);
      assert(tx.randomize());
      finish_item(tx);
    end
  endtask
endclass
```

위의 무작위 패킷 시퀀스들을 인터페이스에 구동할 드라이버에 보낼 시퀀서(sequencer)를 다음과 같이 정의한다.

```
typedef uvm_sequencer #(dut_transaction) dut_sequencer;
```

그리고 무작위 패킷 시퀀스들을 인터페이스에 구동할 드라이버를 다음과 같이 정의한다. 시퀀서와 TLM(transaction level modelling)을 구현한 방법인 get_next_item과 item_done이 있다. seq_item_port는 드라이버에 있는 포트이고 seq_item_export는 시퀀서에 있는 포트로 connec_phase에서 connect 방법으로 연결한다.

```
class dut_driver extends uvm_driver #(dut_transaction);
  `uvm_component_utils(dut_driver)
  virtual dut_if dut_vi;

  function new(string name = "dut_driver", uvm_component parent = null);
    super,new(name, parent);
  endfunction

  function void build_phase(uvm_phase phase);
    super.build_phase(phase);
  endfunction

  task run_phase(uvm_phase phase);
    @(negedge dut_vi.reset);
    forever begin
      dut_transaction tx;
      seq_item_port.get_next_item(tx);
      @(negedge dut_vi.clock);
      dut_vi,dataA = tx.A;
      dut_vi.dataB = tx.B;
      seq_item_port.item_done(tx);
    end
  entask
endclass
```

반대로 인터페이스로부터 신호를 모니터링하는 모니터를 다음과 같이 정의한다. 여기서 analysis_port는 모니터로부터 샘플링된 신호들을 커버나 점수판(socoreboard)에 연결할 포트이다. write 방법을 이용하여 analysis_port로 보낸다.

```
class dut_monitor extends uvm_monitor;
  `uvm_component_utils(dut_monitor)
  uvm_analysis_port #(dut_transaction) aport;
  virtual dut_if dut_vi;

  function new(string name = "dut_monitor", uvm_component parent = null);
    super.new(name, parent);
  endfunction

  function void build_phase(uvm_phase phase);
    super.build_phase(phase);
    aport = new("aport", this);
  endfunction

  task run_phase(uvm_phase phase);
    dut_transaction tx = new();
    @(negedge dut_vi.reset);
    forever begin
      @(negedge dut_vi.clock);
      #1;
      tx.A = dut_vi.dataA;
      tx.B = dut_vi.dataB;
      tx.C = dut_vi.dataC;
      tx.carry = dut_vi.carry
      aport.write(tx); // broadcat
    end
  entask
endclass
```

다음은 패킷내의 데이터들에 대한 분포를 분석하는 커버 클래스를 정의한다. 기동시키는 방법write가 정의되고 sample에 의해서 분석이 시작된다.

```
class dut_coverage extends uvm_subscriber #(dut_transaction);
  `uvm_component_utils(dut_coverage)

  function new(string name = "dut_coverage", uvm_component parent = null);
    super.new(name, parent);
  endfunction

  function void build_phase(uvm_phase phase);
    super.build_phase(phase);
  endfunction

  function void write(dut_transaction mon_tx);
    mon_tx.fcov.sample();
  endfunction
endclass
```

그리고 각 클래스에는 UVM의 공통의 데이터베이스에 관련 정보를 넣고 클래스들간에 공유할 수 있는 구성(configuration)을 설정하고 얻을 수가 있다. 다음은 에이전트에 설정하는 클래스이다.

```
class dut_config extends uvm_object;
  `uvm_component_utils(dut_config)
  virtual dut_if dut_vi;

  function new(string name = "dut_config");
    super.new(name);
  endfunction
endclass
```

다음은 여태 정의한 클래스인 시퀀서, 드라이버, 모니터, 커버, 및 구성을 포함하는 클래스인 에이전트(agent)을 정의한다. "get(this, "", "dut_if", dut_config_h.dut_vi))"에서 get 방법의 인수는 부르는 클래스(여기서는 this 이므로 에이전트이다), context(클래스의 계층적 구조) 정보, 얻고자하는 정보의 문자열, 그리고 그 정보의 반환 값을 받는 변수로 구성되어 있다. 그래서 이 방법은 최상위 테스트 클래스에서 정의한 인터페이스에 대한 정보를 얻는다.

여기서도 다음과 같이 생성해도 된다. 예로 들어 드라이버를 생성한다면 예제에서는 다음과 같이 선언되어 있다.

```
dut_driver_h = new("dut_driver_h", this);
```

이것을 다음과 같이 해도 된다.

```
dut_driver_h = dut_driver::type_id::create("dut_driver_h", this);
```

```
class dut_agent extends uvm_agent;
  `uvm_component_utils(dut_agent)
  uvm_analysis_port #(dut_transaction) aport;
  dut_config dut_config_h;
  dut_sequencer dut_sequencer_h;
  dut_driver dut_driver_h;
  dut_monitor dut_monitor_h;
  dut_coverage dut_coverage_h;

  function new(string name = "dut_agent", uvm_component parent = null);
    super,new(name, parent);
  endfunction

  function void build_phase(uvm_phase phase);
    super.build_phase(phase);
    aport = new("aport", this);
    dut_config_h = new();
    dut_sequencer_h = new("dut_seqencer_h", this);
    dut_driver_h = new("dut_driver_h", this);
    dut_monitor_h = new("dut_monitor_h", this);
    dut_coverage_h = new("dut_coverage_h", this);
    uvm_config_db #(virtual dut_if)::get(this, "", "dut_if", dut_config_h.dut_vi));
  endfunction

  function void connect_phase(uvm_phase phase);
    dut_driver_h.seq_item_port.connect(dut_seqencer_h.seq_item_export);
    dut_monitor_h.aport.connect(aport);
    dut_monitor_h.aport.connect(dut_coverage_h.analysis_export);
    dut_driver_h.dut_vi = dut_config_h.dut_vi;
    dut_monitor_h.dut_vi = dut_config_h.dut_vi;
  endfunction
endclass
```

그리고 에이전트와 기준 황금 모델과 설계된 디자인과의 일치 여부를 보는 점수판(scoreboard)을 포함하는 환경(environment)을 정의한다. 여기서는 점수판이 없으므로 에이전트만 있다.

```
class dut_env extends uvm_env;
  `uvm_component_utils(dut_env)
  dut_agent dut_agent_h;

  function new(string name = "dut_env", uvm_component parent = null);
    super,new(name, parent);
  endfunction

  function void build_phase(uvm_phase phase);
    super.build_phase(phase);
    dut_agent_h = new("dut_agent_h", this);
  endfunction
endclass
```

마지막으로 최상위 클래스로 테스트를 정의한다. 여기에서는 패킷 시퀀스를 발생을 시작시키는 start 방법이 있다.

```
class dut_test1 extends uvm_test;
  `uvm_component_utils(dut_test1)
  dut_env dut_env;

  function new(string name = "dit_test1", uvm_component parent = null);
    super.new(name, parent);
  endfunction

  function void build_phase(uvm_phase phase);
    super.build_phase(phase);
    dut_env = new("dut_env", this);
  endfunction

  task run_phase(uvm_phase phase);
    seq seq1 = new();
    repeat(4) begin
      seq1.start(dut_env_h.dut_agent_h.dut_sequencer_h);
    end
  endtask
endclass
```

이번에는 지금까지 정의된 클래스들을 이용하여 디자인을 테스트하는 최상위 모듈인 테스트벤치를 만든다. 먼저 import를 이용하여 UVM 패키지를 불러오고, 인터페이스와 설계를 부품으로 가져오고, 클록과 리세트를 발생시켜 최상위 테스트 클래스를 run_test 방법을 이용하여 기동시킨다. 여기에서 "uvm_config_db #(virtual dut_if)::set(null, "*.dut_agent_h.*", "dut_if", dut_if1)"은 UVM 공통의 데이터베이스에 인터페이스 정보를 set 방법을 이용하여 설정하는 것이다.

```
module tb;
  import uvm_pkg::*;
  logic clock, reset;
  dut_if dut_if1(.clock, .reset);
  dut dut1(dut_if1.DUT);

  // clock generator
  initial begin
    clock = 0;
    forever #5 clock = ~clock;
  end

  // reset generator
  initial begin
    #3 reset = 1;
    #3 reset = 0;
  end;

  initial begin
    uvm_config_db #(virtual dut_if)::set(null, "*.dut_agent_h.*", "dut_if", dut_if1);
    run_test("dut_test1");
  end

  initial begin
    $dumpfile("tb.vcd");
    $dumpvars(0, tb);
  end
endmodule
```

만약 점수판을 넣고자 한다면 다음과 같이 점수판 클래스를 정의한다. 그리고 dut_environment 클래스에서 dut_scoreboard dut_scoreboard_h를 선언하고 build_phase 에서 dut_agent_h.dut_monitor_h.aport.connect(dut_scoreboard_h.scb_export)를 추가하여 모 모니터의 aport 포트와 점수판의 scb_export 포트를 연결시킨다.

여기서 `uvm_info은 리포트하는 매크로 중의 하나이다. 이 외에도 `uvm_warning, `uvm_error, 및 `uvm_fatal이 있다. 인수는 보고의 원천, 보고 메시지, 그리고 보고 순위가 올 수 있다. 보고 순위는 UVM_LOW, UVM_MEDIUM, UVM_HIGH가 올 수 있다.

```
class dut_scoreboard extends uvm_scoreboard;
  `uvm_component_utils(dut_scoreboard)
  uvm_analysis_imp #(dut_transaction, our_scoreboard) scb_port;
  logic [8:0] ref_data;
  logic [8:0] act_data;

  function new(string name = "dut_scoreboard", uvm_component parent);
    super.new(name, parent);
  endfunction

  function write(dut_transaction trans);
    ref_data = trans.dataA + trans.dataB; // output from the reference design
    act_data = {trans.carry, trans.dataC}; // actual output from the design
    if(ref_data != act_data)
      `uvm_info("SCBD", $sformatf("ref_data = %0h, act_data = %0h",
         ref_data, act_data), UVM_LOW)
  endfunction
endclass
```

찾아보기

0

1

2

8

〈

=

〉

?

@

A

I

J

K

L

M

ㅎ

쉽게 배우는

SystemVerilog HDL Programming

2021년 3월 10일 초판 인쇄

2021년 3월 15일 인쇄 발행

저 자 하판봉

발 행 인 송기수

발 행 처 도서출판 GS인터비전

편 집 처 도서출판 GS인터비전

표 지 디 자 인 도서출판 GS인터비전

인 쇄 처 대명프린팅

등 록 번 호 제 25100-2016-000050호

I S B N 979-11-5576-361-2(93560)

주 소 서울 은평구 증산로 15길 69 2층

전 화 02-976-7898, 02-3272-7898

팩 스 02-6468-7898

홈 페 이 지 gsintervision.kr

E - M a i l gsinter7@gmail.com

정 가 25,000원